JN285789

新潮文庫

たった一人の老い支度 実践篇

岡田信子著

新潮社版

6968

目次

アハハ

挿画・磯田リウ

たった一人の老い支度　実践篇

はじめに

私はこれを、ボケたり死んだりする前に書き下ろせる最後の本のつもりで、ペンならぬエンピツで書いては消す作業を続けました。

出版社の締め切り日まで、ほんの四ヵ月とちょっと。それに加え、自分の老化は持論のとおり、若いころの五倍速で進んでいる感じでした。

はたして、自らのたった一人の老後体験と、友人や知人たちの生活実例を適切な言葉に直せるのか。そこから得た教訓や生き方のコツに、既存の情報を交ぜて、21世紀を生きぬけるようなマル得《トク》生活術を、少しでも多岐にわたって盛り込めるのだろうか。少々不安にもなりましたが、私はかつてなく21世紀の老後や中高年問題が気になっています。生死にかかわる問題になるやもしれず、調査、執筆の挑戦にも力が入りました。

医療、栄養、美容など、専門分野ではないことも、半世紀以上の生活者知識と巷間《こうかん》に溢《あふ》れる情報を実験したデータを基に、カバーできる範囲で、最低これだけは知っ得《しトク》ですというものを書き出しました。反論のある方や、もっとよい知識をお持ちの方は、出版社を通して私にお聞かせ頂ければ幸いです。

一九九六年に、主婦の友社から『213の教訓でつづる　たった一人、老後を生きる』という本を出して頂きました。日・米にわたる私のミニ・自叙伝のドキュメントに、そこから学んだ教訓のハウツーものを合体させた手法でした。

思いがけず大変多くの方々に読んで頂くことができまして、非常に嬉《うれ》しくありがたく存じております。

今回も、ざっくばらんに、私の老いてもやまない泣き笑い人生記は続きます。他の中高年の方たちの生活ぶりや参考例も加えました。

でも、この本の違うところは、激変が予想される世紀の変わりめにあたって、私と同じ庶民中高年仲間に、損をさせじとする、おせっかいと老婆心《ろうばしん》と正義感の塊みたいな動機です。

私は前回の何倍も切実に老いを実感し、情報検索の道すがら、今の中高年（一応およそ五十歳以上）には最大の「資産」があると確信するに至りました。

その資産については本文で展開しますが、それこそマル得の最たるものです。動機のほかに、経済的、精神的にマル得であることにこだわったのが、この本の特徴と申し上げたいのです。相変わらず本音で迫ることも。

老い支度は、何歳からはじめても、早すぎも遅すぎもしません。また、今は誰かと同居している方も、私のように一夜にして夫が一言もなく退職して生活費を出さなくなったり、親が亡《な》くなったとたん、遺産相続をめぐって骨肉の争いが起き、仲よしきょうだいに虫けらの如《ごと》く捨てられる、かもしれません。家庭内一人ぼっちの場合だってあります。

老後の生き方についての出版物は多々ありますが、たった一人で、またはそうなったときのための、老い支度とマル得生活術には、おのずと違った画期的な考え方とやり方が必要です。

庶民の老後とは、お金はなくなる一方なのに、体の故障と時間だけが増える時代です。淋《さび》しくても、目はドライ症や何かで涙もよく出ません。出るのはお腹《なか》とお尻《しり》だけです。

社会的、肉体的弱者として、中高年たちが子供たちから原因もなくバカにされ、どやされ、ときには殺傷されるという事件の報道を、私たちは何度見聞きしたことでしょう。

その他、無数の形で中高年をいじめる社会現象に対し、私たちはせめて日常生活だけでもより円滑に営めるよう、損しない生活術を知っておきたいものだと思います。それが生活をより明るくするコツですから。

「質素な老後なんて、なんのそのです」

体や心の問題が重なりがちな老い道です。いばらもあれば落とし穴もありましょう。そこをたった一人でかき分け踏みしめて、あるいは松葉杖《づえ》や車椅子《いす》や寝床に横になったっきりで、最終点まで行かなければならないかもしれません。

ですから、ささいなことでも希望とし、くだらないことでもアハハと笑って、明るい面を見て生きる方が得だと思うのです。

どうぞ最後までお読みになって下さいまし。でも、お手に取って頂いただけでも、どんなにかありがたいことなのですが……。

この本が生まれるまでに、多くの方々にお力添えを頂きました。まことにありがとうございました。

一章

考え方——まず発想転換で得をする

今の中高年の方がだんぜん優位

「若者よ、中高年をなめるな！」

と、叫びたい。

心身障害者に次いで、中高年やお年寄といわれる人々は社会的弱者といわれている。

たしかに、中高年は肉体的に若者より弱い。そのことで、一部の若者の間でゲームになっている、「理由なきオヤジ狩り」に巻き込まれた知人がいた。会社の管理職にあったAさんは、東京の繁華街で、「弱そうな、臭いオヤジ」だからと、いきなり固いカバンや石ころで殴られ、ほうほうの体で逃げ帰った。

Aさんは単身赴任中の父親で、三、四人のグループの中には、自分の高校生の息子より若い子が交じっていたという。

二万円ほど盗《と》られたが、プライドの高い人だけに、自分が悪い奴《やつ》に襲われたということより、五十代半ばの、元は体育会系だった威厳ある紳士が、子供にやられたという事実がまんならなかったらしい。

「警察は、どうしました？」

「……いや……」

「奥さまは、なんておっしゃいましたの？」

「それがァ……」

二カ所とも、Aさんは連絡しなかったのである。

「なんでまた」

と、私は不可解だという気持ちを目で強調した。

「まあ、大事《おおごと》にしたくないんで。入院するようなひどいケガでもなかったし」

こういうことを夫婦で話し合えないのは、わびしい限りだが、他人の事情をどうこう言える立場ではない。

私自身アメリカで二十数年間結婚していて、夫が長年勤めた研究所を退職する相談はおろか、辞めてからも教えてもらえなかった経験があるので、今さら、男の人のコミュニケーション下手には驚かない。

そのときは、Aさんは事なかれ主義の、見た目の豪胆さに似合わぬ気弱な男性だと思った。内心、がっかりしてしまった。

ところが、同じ九八年の四月の半ばのことである。

玄関の方のブザーが鳴った。すでにオートロックを通過していた。いきなり若い男の声が、インターフォンから響いてきた。

「今、フィルター、何枚あります？」

（またあのしつこいレンジ用フィルターのセールスマンだな）

六十一歳にして初めて自分だけの力で買うことができたこのマンションに移って以来、最も執拗《しつよう》なセールスマンはフィルター販売者だった。しばらく声を聞かないのに気づき、やれやれと思っていた矢先である。

私は勧誘やセールスにいちばん適切な断り方をいつも模索しつつ、ついに今日まである種の言い方しか考えつかずにいる。生活をかけて一軒一軒回ってくる人を無下に断るわけにもいかない。が、押しつけがましい勧誘には反発を覚える方である。

商談に応じる意志のないことを、相手を傷つけないようにはっきりさせなければならない。便利な口実の、「主人に聞いときますから」は使えず、「要りません」と答えると、以前だみ声でくってかかってきた新聞購読勧誘者とのやり取りのようになるのを恐れ、一種のほめ殺し作戦で対処することにしてあった。

つまり、客の私の方がインターフォンという楯《たて》で身を守りつつ、もみ手の商人のようにふるまうのである。

その日も私は、それを使った。本来は、やっと乗ってきたこの本の原稿を書く手を急停止させられ、次に書くべきいい表現を失ってまで、勝手にやってきたセールスマンにお愛想を言わなければならない義理はない。しかし後で不愉快な思いをするのを避けた方が得なので、フィルターと聞いただけで、早速もみ手にかかる。声は優しく優しく、

「せっかくですけど、間に合っております」

「フィルターは何枚残っているのか、聞いてるんですよォ」

(どっちにしろ、フィルターを売ろうとしてるんでしょ)

「ですから、フィルターは間に合っておりましたの」

(どうもご苦労さまでした)と先手必勝で終わらせるのが、よく効く手であった。

ところが、相手はいきなりバクダンを落とした。

「あんた、日本語が話せないんじゃないか！　あんただネ、一人で暮らしているばあさんっていうのは」

「……………」

本来なら怒って、玄関へ飛び出し、

「客に向かって、なによ！　その言い方は。会社の名前と電話番号は？」

と、私は怒鳴っていたであろう。問題が起きると、仕事と神経に悪影響するので、もみ手や、下手の態度で応対するものの、私にだって限界はある。爆発するときゃあ爆発する。

しかも、このフィルター販売人は、かつて誰からも聞いたことのない罵詈《ばり》雑言《ぞうごん》を吐いたのだ。しかし、私はほとんど金縛り状態で、バクダンどころか、次に出すべき言葉探しに手間取った。

「じゃあ、明日来るからな」

凄《すご》みをきかせた声で言われた後、私の言葉がやっと発進。

「いいえ、けっこうです。お引き取り下さいませ」

この場に及んでも、私は敬語を使っていた。セールスマンが帰るや、私はドアのカギ穴からのぞいて見たが視界には何もなく、非常階段の見えるキッチン側のバルコニーに急いで回り、どんな男かとそっと様子をうかがう。

フィルターを一杯背負った、紺のジャケットの若者が、次々とベルを押し続ける後ろ姿があった。どのマンションでも、返事がないか、ごく短い会話で終わっていた。誰にも私にしたようなひどい話し方はしていないようだった。誰一人、フィルターを買う人もいない様子。

最初はこわごわ、アガサ・クリスティのおばあちゃん名探偵のミス・マープルの如《ごと》く、どんな奴で、どんな車で帰るか。車の番号は……などを突きとめ、インターフォンで聞きそこなった会社名を探査して、「お仕置き」ができれば……などと考えていた。

ところが、またしても私は自分の理性と違った思いにさいなまれはじめた。あんな憎まれ口を利《き》いた若者の後ろ姿に、アメリカにいる息子を見てしまったからだった。

(不景気で、一枚も売れずかわいそうに)

アメリカで生まれ、大学を出て白人と結婚し、私の初孫娘までできたと風の便りで聞く、〝音信不通〟の息子のことを想《おも》い出してジーンとなった。唐突に理由なき反抗にあっても、昔の優しいころのことを想って、老い行く母は無意識のうちにわが子への慕情をたぎらせていたことを、他人の若者の風貌《ふうぼう》で知らされた。もう割り切ったつもりだったのに……。

同時に気づいたことは、年を取るということは、こうしようと思っていたのと違う言動に出てしまうということだった。なぜ、セールスマンの失礼な言葉に、こちらからも言い返せなかったのか。よく分析すると、私があのときそうしなかったのは、ただ一つ、あとで嫌がらせをされるのを恐れたのだった。

老いと護身の関係。それもたった一人で、嫌がらせに遭うと、自分を抑えて後難を免れようとする強い反応が先行するとわかった。

（それじゃあ、私もAさんと同じだったのだ）

年を取っても、嫌がらせなどに猛然と立ち向かう人もいる。

九八年五月上旬、私の住む都会から離れたこの市で発生した事件。留守中に、一軒家に新聞勧誘員が盗みに入り込んでいるのを、私と同年代の一人暮らしの女性が帰宅して見つけ、彼の胸ぐらをつかんで取りおさえ、警察が到着するまで逃がさなかったというものである。驚いたことに、犯人も、被害者を傷つけると罪が重くなるからと、逃げなかったという。

いずれにせよ、この女性は強い。私だったら、とてもこうはいくまい。

このように、年なんか関係なく直情的に行動できる人と、Aさんや私のように色々の想像や思惑のとりこになって、本来の自分らしい態度が取れない中高年とがいる。強がりは、弱さの裏返しともいうが。

それにつけても思うのだが、あのセールスマンはどうして私が一人暮らしのばあさん、とわかったのだろう。このマンションには、そういうデータを提供する住人がいるのだろうか。それとも、外部にそういう情報が洩《も》れているのだろうか。ここには、私以外にも単身中高年が何人もいることを、その情報網はつかんでいるのだろうか。

今度あの若者がオートロックも、「勧誘・セールスはお断りします」のサインもものともせずやってきたら、私はどこかの姐御《あねご》みたいな色メガネと、長いソバージュの茶髪のかつらと、Dカップブラをつけて、イクラ色の口紅を三重に塗りたくり、くわえタバコで、堂々玄関のドアからお目見えしてやろう。

「オイ、いつぞやはあたしの日本語にケチをつけやがったな。あたしの書いたポルノ本でもくれてやるかァー」(注、ポルノ本はまだ書いていません)

マジな話、中高年は耐えがたきを耐えてきた、人生の強者《つわもの》なのだ。

今の若い連中のような飽食や贅沢《ぜいたく》に恵まれなかっただけに、逆風には強い。貧困、屈辱、激痛、差別、重労働、失業、空腹など、現在の不況やリストラ風とは比べられない強風にもまれ鍛えられてきたのだ。若めの中高年でも、両親や祖父母がそうした体験を経てきて、それなりに教えられ実体験もあるはず。

一二〇〇兆円という個人金融資産がありながら、政策不況ともいわれる現在の不景気の影響は、医療費のかかる中高年に厳しい。特に、中高年の一人暮らしは税制上、社会一般慣習上、損な立場にある。

しかし、だてに年を取っちゃいない。忍耐力、持久力、分別、寛容、謙虚さ、図太さ、堅実さなどの精神的利点をフルに活用し、次の四点を再認識すれば、我々の方がだんぜん優位だ。

1 リストラや収入減などで使えるお金は少なくなっても、特別な例外を除いて、資産の蓄積と一応保障されている年金がある。

2 子育て、教育費、住宅ローンなどの高額出費は終わったか、終わりつつある。

3 物質的に制限されても、自由時間と発想はリッチ。若いときより自分がわかっていて、やりたいことも見えている。

4 昔の中高年より若くて元気。健康、医療、趣味、集会などの情報を、入手活用しやすい。

今の若者が中高年になるときには、年金や医療や日本の諸制度に、大きなガタがきていて、

「ああ、節約と忍耐を体験しとけばよかったなあ。親の育て方が悪かったんだ」

と嘆いたところで、時すでに遅し。

(ざまあみろだ)

さて、フィルター・セールスマンとのことがまだ頭から離れないさみだれの日であった。晴れ後急に雨で、スーパーでの買い物袋を両手に濡《ぬ》れながら歩いていると、突然後方から大きな傘が私を覆《おお》った。

驚いて横を向いた目に入ってきたのは、ピンク髪のポックリ靴をはいた若い娘さん。

「あら、どうも、ありがとう……」

私は見ず知らずのうら若い女性の親切に、心がホカホカし、断るのはかえって悪いから、彼女の肩が濡れているのを気にしつつも、人生初めての変わった相合傘を楽しんだ。

後で考えると、彼女はほとんど言葉を発せず、光るアイシャドーで囲まれた目を細め、流行の下着服《キャミソール》のぺちゃ胸あたりを直すだけ。

本来、子供や若者は大好きだ。中高年になって持論ばかりで判断すると、不公平なことが色々あるわけで、老若男女がそれぞれの立場をもっとゆるやかに理解し合って、ハーモニーのある共生をしていきたい。

しばし私のために傘をかざしてくれた娘さんが、フィルター・セールスマンの若者とのことを帳消しにしてくれた。ほとんど。

一人暮らし、人と違うことの利点

一人暮らしは、気楽なものである。

「お一人では、淋《さび》しいでしょう」

「一人で食べるごはんは美味《おい》しくないでしょうに」

「急病で意識不明になったら、そのまま一人淋しくあの世行きですね」

などと人は好き勝手（常識的なのだが）なことを言う。最後の質問だけは一理あるが、あとはみんなウソ。

一人で淋しいですってェ。二人、いや何人もの同居者の間にいて、もっと胸を刺す淋しさを味わっている人がいるはずである。独居は、決して孤立や孤独を意味するものではない。中高年になって、夫婦二人っきりで、孤立や孤独をやっているほど淋しいものはない。

私もかつて、来る日も来る日も続く家庭内孤独で、参ってしまったことがある。口論やけんかをする方がまだ発散できる。血のめぐりにもいい。

何を言っても、「う」とか、無視とか、「うるせえなあ」。

たまに話すことが見つかっても、

「チンプンカンプン」

趣味も話題も人生観も、ほとんど何一つ共通点がないのに、やむを得ず結婚に飛び込んだ自分が悪いのだが、結婚年月を重ねるにつれ、子供とか地域社会とかの必然的要求で共同作業が多くなり、夫婦の性格不一致もうやむやになっていった。

それが、男女二人の子供たちの巣立ちで、アメリカの広い家は、よけい空洞とほこりが目立ってきて、中にいる夫婦という名の私たちは、少しもチンプンカンプンを解消できず、最低の友だちにもなれずに枯れていった。

妻に一言もなく、あと十五年はいられる職場を急に辞めてしまった夫は、生活費を渡さなくなった。お金は、やっぱり物を言う。ところが、夫は昼夜を問わず、セックスを求めるようになる。スキンシップは嬉《うれ》しいことだが、女はこんな形で体だけの関係を結びたくないのだ。

これが孤独じゃなくて、何が孤独だ。

たしかに、私の方にも非があり、至らない点があったであろう。もう少しずる賢くなっていたら、こういう特異な夫とのつき合い方にも道があったかもしれない。

しかし、五十代に入りかけていた私は、そのままの状態で、物を書きたい夢を捨て、人間としての再生をはからずに朽ちたくはなかった。愛のない妥協とあきらめは罪である。

別れを決断し、母国日本で再出発した私は、一人暮らしを淋しいなんて言ったら、バチが当たると思っている。友だちですらない夫婦の、同居生活の修羅場から、やっとの思いで這《は》い出したのだ。

「あれに比べたら、一人暮らしは天国だ！」

借金なしの、自分で買った1LDKマンションの城で、そう叫びたい思いである。

八三年初夏に日本へUターンしてからの、女一人の再出発には、老いという新しい壁が立ちふさがり、スッタモンダの連続であった。

家庭内暴力の家に生まれて以来、事件が多いことには、もう馴《な》れっこになっていた。その都度、ショックはあるけれど、すぐ日常の意識から外すようにし、アッケラカンとしている。そうしないと、やっていけない。

人生は、くよくよするには短すぎる。アメリカ人たちは、よくそう言っていた。想い出すのは、老人ホームでケースワーカーをしていたときに、入居者たちからこの言葉を聞かされたことだ。

「たとえ、人の寿命が延びたって、人間は明日をも知れない命でしょ。くよくよしちゃ損よ。ノマ（私のニックネーム）、あんたはまだ若いんだから、よけいこの言葉を覚えていて、嫌でたまらないことがあったら、くよくよ悩み続けないで、ゲラ　アウト（そこから足を抜きなさい、と私なりに解釈）」

なんだかお年寄りが私の夫婦不和を見透かして、カウンセリングをしてくれているようだった。それはまだ結婚生活の中期のころで、事態はその後さらに悪化したのだった。

別居や離婚など自分にはできないと決めてかかっていた私は、妥協の一語のもとにがまんし、生活の保障の方を取る。しかしついに、長すぎた苦悩の日々にピリオドを打ったのだった。子供たちが成人して落ち着いたときに。

別れる前によく話し合い、理解してもらっていたはずの子供たちからも、今は〝音信不通〟のしっぺ返しを受けているが、それでも、女が人間として生きたことに悔いはない。

私の周囲には、四十代五十代で夫に急死された女性が意外に多い。

誰からも、淋しい、という言葉を聞いたことはない。たしかにしばらくの間は悲しみや不安があるだろうし、それを公言しないのかもしれないけれど。

「かえって、手間のかかる人がいなくなり、すべて自由にやれるようになったので、花の未亡人を楽しんでいるわ」

五十九歳のKさんは、以前より若々しくなり、ご主人の残した財産とパート収入で、経済的にも安泰で、流行のガーデニングを楽しんでいる。

「……実は、主人とは不仲じゃなかったんだけど、亡《な》くなってホッとしてんの。仏さまには悪いから、ここだけの話よ」

本音をもらしたKさんに、私はさらに女心のほんとうのところを聞いてみた。

「男の人に抱かれたいなんて、あなた、そんなのもう卒業よ。岡田さんはどうなの？」

と逆に聞かれてしまった。

「一人で食べるごはんの味はいかが？」

「三度三度のおかずを考えることもなし、私最近は、お腹《なか》が空《す》いたときが食事の時間、ということにしてるの。一応栄養には気をつかってるけど。一人の食事のどこが悪いのか、わかんない。嫌な相手なら消化不良になる」

私も賛成。むしろ、孤独な家で、夫と一階と二階に別れて食事をしていたときの方が、食物は味を欠き、肌にも不幸せというくすみを与えていたように思う。ステーキは、今買えるものの三倍の厚さと瑞々《みずみず》しさだったのに……。

別れようか、あきらめようか、悩んでいる中高年の方々へ。

「一人暮らしに至るまでの経過がひどいほど、独身貴族の味は深いですぞ。ただし、自由と心の平和を得るには、がまんし、目をつぶらなければならない経済的、社会的なことがあるので、あなた自身に得な方を選んで下さい」

それから、チンプでもこの一言を。

「人生は一度しかありません。悔いの少ないものにしたいですね。特に、中高年という老いのハンディを背負うときには」

もちろん、一人暮らしだけを推薦するものではない。たとえ、しっくりいかない夫婦や同居人たちも、中高年だからこそ、ここで本音を出して語り合いを持ち、明日をも知れない命をお互いにいたわる関係に直していくことも必要である。今にしてはっきりそう言える。

ただのあきらめや妥協ではなく、気持の切り替え、助け合い精神などで、中高年故《ゆえ》の共生への優しさを抱けないものだろうか。私だって、夫が正常で話し合える人だったら、そうしていたであろう。

日本人は、えてしてグループで同じ行動を起こす。そして、そうしない人々を排斥したり、いじめたり、無視したりする傾向があるのは残念である。

21世紀に入っても、まだ島国根性が物を言うようでは、大陸性気質の世界の主要国に、気持の上で追いつけず、重要な課題のいくつもに影響してくるのではないか。

私はアメリカに約二十六年在住してみて、その大陸性のおおらかさ、個人色尊重の気風に教えられたところが多い。

「人と違うことのどこが悪いの?」と聞きたい。法と秩序を守り、人さまに迷惑にならない限り、個性や個人のアイディアや信じるところも大切にされるべきだと思う。中高年の一人暮らしには、この多数派の押しつけがよく見られる。

福祉センターに通っていた一人暮らしのY子さんは、何回かピクニックや催し物に参加していた。

ところが、七十二歳の今日まで友だち作りが下手で内気なY子さんは、みんなと食事をするときはいつも大木の陰か何かに身をかくし、一人でお弁当を開くのだった。配偶者や家族同伴で来ている連中は、地方色豊かな雰囲気で、持ってきたご馳走《ちそう》を誰かれにふるまい、缶ビールをあおっては大声で笑いころげたりしていた。そのうち誰かが、Y子さんの単独行動を非難しはじめた。

「あの人はいつもああだから。かわいげがないよ。変人だね、あれは」

実は、Y子さんに、「Y子さん、こっちへ来て一緒に食べない」とか、「こんなの作ってきたんだけど、どう」などと、声をかけた人はいなかったのだ。Y子さんの方にも、みんなの輪に入っていくだけの勇気がなかった。

もとはと言えば、古いが一戸建ての家でつつましく人に迷惑をかけずに暮らしてきたこの未亡人は、「センターは、老人同士が仲よくいきいきと暮らせるように、たくさんの趣味グループがあるし、大浴場もきれいだし、ぜひ行って下さい」と市の関係者に勧められたから、行かないと村八分ではないにしろ、気まずいことになってはと通うようになったという。本音は、行きたくなかったのだ。

私が通っていた眼科医でも、ボス患者のおばあちゃんが仕切っていた。Y子さんが切々と話してくれたのは、一人暮らしや一人で行動したい人に対し、ボス的存在、またはその陰口を空気のように吐き出してやまない人々が先頭に立って、いじわるするのはやめてほしい、というものだった。

都会ならこの種の人間関係は少ないだろうと思っていたら、東京山の手の一戸建ての家の住人で離婚歴のあるI子さん（六十九歳）は、

「上品で言葉が丁寧な分、底知れないものがあるの。まずだんなさまの職業、地位、富裕度、別荘の場所、レジャー旅行の質と数などなど。バツ一の女一人世帯なんて、

全然下の下よ」

「じゃあ、一人暮らしの利点はないのかしら」

「あるわよ。フリンをする夫がいないことね。奥さまたちは知らないだけで、出世しただんなさまの行状記は、私のような他人の方がよく見聞きできてねえ」

一人になった中高年男性の場合は、再婚か世話する人が早いうちに見つからないと、多くは困ったことになりやすい。

そうした男性は、二、三年のうちにすっかり老《ふ》け込んで、妻の後追いのように逝《い》ってしまう場合が少なくない。男性の性格のことや、家事などの自己管理に向いていないからであろう。

後続の章で、一人暮らしの利点と、男性一人暮らしの生活術に踏み込んでいきたい。

【一人暮らしの利点をまとめると】

1 ケンカやストレスになる相手がいない。

2 好きなものを好きなときに食べられる。

3 ほこりが立たず、洗い物が少なく、家事が楽。

4　テレビのチャンネル争いがなく、野球かドラマかの選択が自由。

5　トイレの独占と、快便につながるのんびり使用が可能。

6　自由にオナラ、ゲップ、いびきができ、他人のそれに悩まされない。

7　気楽にインテリアに凝るもよし、散らかすもよし。掃除をしては、すぐ同居人に汚されるあの空《むな》しい悪循環だけは避けられる。

8　話をしない相手や、新聞で顔をかくす相手とごはんを食べ、消化不良を起こす心配は無用。

9　午前さまや外泊などの自由行動に、文句を言う人がいない。

10　退屈な話を聞かされたり、酒臭いだみ声で怒鳴られたりしない。

11　セックスを強要されたり、側《そば》にいるのに無視されたり、勝手に上がられたりでストレス過多になることがない。

12　スキンシップはけっこうだが、暴力に至るまで強度なのは問題外。

13　二人で孤独より、一人でいる方が空しくない。心身健康、老化防止のためにも。

14　一人暮らしの男女とも、嫌でも不得手な家事、料理、家庭理工学術を身につけ、馴れっこになれば、複数暮らしで他の人に甘えて何もやらなかった人と比べ、自己管理能力ではだんぜん優位になる。最近、男の料理番組や情報が多くなっている割には、女の必要知識の家庭理工学術（電気や水道修理、大工仕事など）を手ほどきする番組や情報は少ない。増やしてほしいものです。

15 お金の使い方でツベコベ言う人がいない。中トロの代わりにバーゲンのスカートを買おうと、冠婚葬祭の出費額や有無を世間体や同居人の義理で決めなくても、同じ屋根の下で文句を言う人がいないだけ気楽。

16 相手の介護に巻き込まれない。

この他にも、各人が思い当たる一人暮らしの利点があろうかと思う。

また、これらの利点の真裏に、不利な点があるのは事実で、私があげた十六点には、多少やせがまんやこじつけがなきにしもあらずである。

しかし背中についたファスナーが動かなくなったとき、手を貸す人がいないなら、前ボタン、前ファスナーの洋服だけ買えばいい。背中をかいたり、洗ったり、肩をもんだりは、みな安い健康器具でまかなえ、人の手を借りなくてすむ便利な時代なのだから。

たしかに、一旦《いったん》緩急あれば、誰かと暮らしている方が安心で便利に違いない。けれども、その安心料は、一人暮らしの不便料より高くつくかもしれない。後々の章で、この不安感をどうして手当てし、一人暮らしをよりマル得に充足させられるかについて、話を展開させて頂く。

医・科学的情報は受け売りであるが、それらもほとんど自分で試してみた。長い生活体験者のかけ値なしの体験記となります。

日本的発想の大〝小《こ》〟転換

「西暦二〇〇〇年からは、電子マネーの時代です」という報道を耳にしながら、私は改めて人生九十年時代に備えるには、旧《ふる》い考え方を整理し、新しいアイディアを掘り起こしてかからないと、大変なことになると痛感した。

時代には合わせるつもりだが、これは淋《さび》しい。あの誰が触ったかわからない、バイキンだらけのお金ながら、ときには屈辱的なことに耐えながら汗水たらして稼いだものだ。

老後路頭に迷わないようにと、食べるのはケチらずとも、その他一切の出費を抑えに抑えてためたお札や小銭とおさらばするなんて。汚いお札のしわを伸ばして、「まだ一万円札が二枚残ってた。ヤレヤレ」などと、一抹の愛情を抱きながら、明日にでも私の財布から姿を消す運命をのろうように、バッグの奥に押し込んだりする、その儀式ともさよならするというのか。

もちろん、クレジット・カードや小切手生活はみなアメリカに置いてきた現金支払い主義の女のお金を、電子マネーのカードが全部飲み込んでしまうわけではないだろう。

七十代の知人は、電子マネーについて言った。

「ワープロもコンピューターもできないし、やろうとも思わないわ。そこへもってきて電子マネーですって。どうしてこうも英語で言わなきゃならないのかしら。岡田さんは長いことアメリカに住んでいたからいいけど……電子金と呼べばいいのにねえ。年寄りにはもうついていけない。まあ、二〇〇〇年まで生きるかどうかわかんないけど」

私も同感する点がある。文明の利器が急速に高度化し、四十代でもキカイについていけない人が少なくない。英語の使いすぎも目立つ。人間が生身である以上、私とて明日も知れない命だ。が、七十代に入ると、自らの老化に嫌が上にも日常的に気づかされるに違いない。

その一例として、近年、テレビでお馴染《なじみ》の美しい七十三歳の名女優が、人気の連続ドラマを降り、有料老人ホームの一戸を購入して引退とか伝えられた。色々に騒がれたこのニュースに、知人も私も別に驚かなかった。自分の老化現象は、ボケてでもいない限り、自分だけがよく知っている。今後の生活の不安材料として、「老い支度を急がなくちゃ」という心理にかり立てられ、資力と実行力のある人は、老後のケアと安心を確保する手続きに踏み切れる。

別章で、老後の住まいについてじっくり書きたい。

有料老人ホームとそれに類似する安心を売る住居形態は、庶民中高年にとっては高い買い物である。リスクも大きい。

世紀のかわり目の現在、すでに社会、政治、経済、環境、国際的な大問題は山積み状態である。中高年の生活は、寿命ばかりが延び、経済力や安定度や社会制度は、とても追いついていない。

自殺しない限り、人間はいつまで生きて、どんな生き方をするのか、誰にも皆目わからずとも、私たちの多くは先々のことを考えて老い支度をしようとしている。

中高年の大半は、体のどこかに故障や痛みや不自由な箇所を抱えつつも、昔からのがんばりで、死んだ方がましと思うときも、「なんとかしなくちゃ」と改善の努力の方に自らを引っぱっていく。

21世紀は、単に20世紀最後の日の翌日だったのだが、電子マネーに代表されるように、今後、地球規模での激変が予想される。

エルニーニョの影響による天候異変で、インドネシアで異常かんばつが起き、それが政治・経済問題に苦しむ民衆を暴動にかり立てたという。これからは天候も激動の原因になり得る。金銭的にインドネシアと深い仲にある日本は、インドネシアで起きる重大事は対岸の火事ではない。それでなくても必要以上に長引いている日本不況とデフレ傾向に、飛び火しかねないからだ。

インドネシア問題についで、インドとパキスタンの核実験強行。我も我もと実験し、やがて本番にならない保障はない。それが21世紀なのである。突然北朝鮮から〝大変な物体〟が海を飛び越えてきたり、何が起きるかわかりゃしない。

それだけに、21世紀の老後は、旧態依然の考えをふるいにかけ、思い切って発想転換をしないと取り残され、みすみす損な生活に追い込まれそうである。

中高年になってからの大転換は、ほとんどの人々にとって無理だし、そんなに気ばる必要もない。コセコセからはもう卒業したい。

数量や程度の少ない、言わば〝小《こ》〟転換でけっこう。そこで、私はあえて次の「五つの小《こ》」を提案申し上げたい。

【五つの小《こ》】

＊小ずるい（自分を真っ先にして、ちょっぴりずる賢く。人間の本能である）
＊小けち（ドけちなどめっそうもない。そんな無理はつまらない。ただし、生活ができないときは別。けちはボケてない証拠）
＊小うるさい（年取ると甘《とろ》くなるか、がんこになりがち。真ん中をとり、バカにされないように、なぜ、いつ、いくら、などはっきり相手の答えを求めること。日本的ナアナアはもう終わり）
＊小ぎれい（顔、身体《からだ》、住まいがある程度清潔なのは、気持と健康上の助けとなる。それが急にできなくなるときのため、やれるときにやっておく）
＊小おどり（喜んで飛んだりはねたりはできなくても、感動を抑えずに表に出し、笑って嬉《うれ》しがる。ぐちは口にしがちだが、よいことを他人の目を気にせずに喜ぶアッケラカンが、中高年にありがちなうつ症状を救い、血

行をよくする）

もとより「五小《こ》」は、人間的な思いやりをないがしろにするものではない。その当然な感情を底辺に、自己防衛を強化させる転換法のつもりである。

中高年の思考力低下は自然ではあるが、ワンパターンになってはますます老化させてしまう、と精神科医は強調する。散歩道を変えたり、軽いウソをついて相手を面白がらせたり、テレビ番組で見た料理を実際作ってみるのが、老化防止力として効くとも言われている。

発想転換は、自分に合ったものでいいわけだが、かたくなに殻にこもりっぱなしではまずい。少しでも、他人のアイディアに耳を貸し、せめて検討してみるだけの柔軟性を持ちたいものである。

がんこな人、一本気な人はボケやすい。

二章

お金──節約しかない

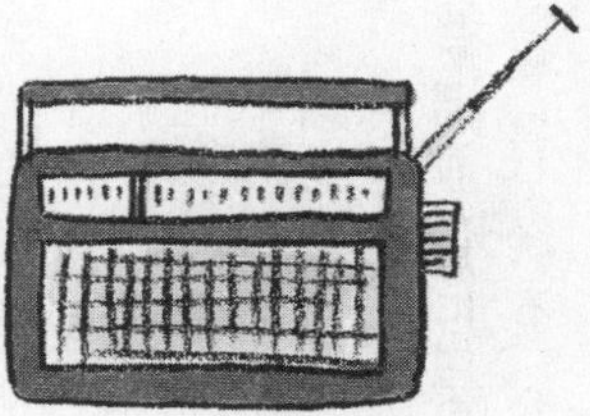

ゆうゆう自適の生活はないと覚悟せよ

「定年後は、ゆうゆう自適の生活ですよ」
と言っていたCさんは、奥さんと二人で八〇〇万円の豪華客船の海の旅に出る数日前に、心臓麻痺《まひ》で急死した。三人の息子さんたちは、親と別に暮らしている。心労がたたったのか、間もなく奥さんが脳血栓で倒れ、退院後にボケはじめた。二人とも六十代半ばであった。

子供たちは、急に未亡人になり頭がおかしくなった母親に会いに来る足が遠のくばかり。たまに来れば財産の生前分与をしつこく口にするようになる。

Cさんの奥さんは、今のところ有料ヘルパーを雇える余裕があるが、低い年金だけの生活者だったらどうすればいいのだろう。

一人暮らしの中高年をいつ襲うかもしれない病気やケガ、特にボケや寝たきりになったとき、公的施設に入れずにいる場合、いったい「誰が、私のおむつを換えるの？」という大きな問題にぶつかる。

今のところ考えられる「誰」は、「お金」しかない。

Ｃさんのように八〇〇万円の船旅に出られる身分で、世間的には立派に成功した息子さんが三人いても、それぞれの家庭で最強の実力者は奥さん方。彼女たちの姑《しゅうとめ》に対する義理感覚と人情度が鼻紙より薄い現状では、突然一人暮らしになりボケてきた母親の世話は、お金でまかなうより他ないのである。

「金のないのは、首がないのも同然」と、私は母からよく聞かされていた。彼女が波《は》瀾万丈《らんばんじょう》の人生で運命共同体だった私に、時折もらした人生訓の一つである。

もちろん、人情が大切なことはわかりきっているが、たとえばヘルパーの人の世話や温かさは、実質上無料ではないのだから。

「地獄の沙汰《さた》も金次第」という結論になる。きれいごとを言ってもはじまらない。

そのお金が物を言う中高年生活では、皮肉にも定年、リストラ、挫折《ざせつ》などで、低めの収入ないしは年金しかもらえない立場に置かれやすい。

年金の掛金を払わなかったり、国民年金のことを知らずにいて受けとれない男女が何人もいる、と市役所の職員が言う。中高年の少ない権利を放棄するとはもったいない話だ。

公的年金には、国民年金、厚生年金、共済年金があり、それだけでは足りないといけないので、生命保険会社などの個人年金に加入する人々も少なくない。

実は、私もその一人なのだが、国民年金同様に自ら払い込んだものを少しずつ頂戴《ちょうだい》するのに、こんなスッタモンダを乗り越えなければならないとは想像もしていなかった。

このいきさつは、次の項でくわしく記したい。

ところで、ご存じのように、老後の命綱の個人年金を売っていたN生命保険会社が倒産した。無数の加入者たちを不安のどん底に突き落としたに違いない。

このようにして、中高年になると心や体の急変に加えて、社会・経済のひずみのしわ寄せがもろに来るので、「同じ一〇〇円でも、五〇円くらいの分しか当てにはできない」と考えた方がいいようである。

金持以外は、信用できると思える預貯金の利率がどんなに低くとも、おいそれと資産増やしのリスクを冒してはならない。いつか景気が回復するまで。それじゃあ、利殖については八方塞《ふさ》がりじゃないか、と言われよう。その通り、タンス預金も完全に安心ではなく、利子も皆無だが、へんな口車や宣伝に乗せられ、元も子も失《な》くしてしまう心労よりましである。金庫を買う人が増えているわけだ。

中高年の働く場所は少なくなるばかり。また、さんざん働いてきたんだからあくせくしたくない人、働きたくても働けない人もいる。(中高年再雇用の傾向もあるというが)

私の老後は、これだけお金をためてあり、古いながらも自分の住居を確保してあるから一応安心だったはずである。

その予定の中で、ゆうゆう自適の生活も可能に映って見えた一般庶民の老後が、今回のような長期深刻不況、金融・政治・行政腐敗、超低金利、日本売りを仕掛けるという国際ヘッジ・ファンドなどに攪乱《かくらん》されている。

今のところ、唯一《ゆいいつ》の老後(個人差があるが、ひとまず世界保健機関の定義に沿って六十五歳以上としておこう)の資産増やしは、私が以前から推奨するカット預金しかないように思える。

つまり、実際の費用の二分の一か三分の一を減らして、その分をためておくか、別のものに回す。つまりこれも立派な収入なのである。

そんなけちけちしたことは嫌だ、とおおせなら、先人の言葉通りのほほんとやるのも一策。

「寝てこそ金は儲《もう》かれど、どこのアホウが起きて働く」

私の主な出費は、食費、医療費、自家エステ代、交通費の順になっている。教養費は図書館、テレビ、ラジオなどで。衣料費は下着や靴下だけ買い、洋服類は、まだ充分着られる古いもので間に合わせる。着方をあれこれ工夫して。

死んだとき、あまり残された荷物が多いと、あと始末をして下さるよその方にご迷惑になる、と思う。

まして、急に長期入院とか、老人ホーム行きということにでもなったら、身軽なほどいい。ただし、寝巻、スリッパ、タオル、洗面用具、貴重品などはすぐにバッグに入れられるようにしてある。

でも、最近は講演などで人前に出ることが多くなったので、新しいブラウスを買って、古いスーツの衿元《えりもと》くらい華やかに飾りたい、と欲するようになった。デートの数でも増えれば、洋服代もかさむかもしれないが……。(ばあさんのくせに、まだそんな色気を出して、とどこかで誰かが言っているような気がするが)

まあ、人間は、ときには年齢に関係なく夢見るくらい許されなくちゃ。夢と希望は、タダなのだから。

以前私がケースワーカーとして担当したころ、苦境にあった一人暮らしのアメリカ人女性テリーさんは、七十代で夢と希望をしっかり現実のものとした。最近手紙が届いたが、今や株ブームに乗り、リッチな老後を謳歌《おうか》中。ボーイフレンドが二人もいるという。

日本経済の不況脱出には、国民にもっと物を買ってもらわなければと力説されている。が、中高年の長い老後に不安しか見えない以上、節約をモットーとするべし。それも早くから。

昔、江戸っ子たちは自慢げに言ったものだ。

「宵越しの銭は持たねえ」とか、「金は、天下の回り物」などと。

今の中高年はもうそんな死語は信じないと思うが、これからはますます大阪商人ないしは同じような金銭感覚の人々の理論にも耳を傾け、自己保身の道を固めないと、路頭に迷うかもしれない。自由なホームレスは不自由で辛《つら》い。

人生いつ何が起きるかしれないが、もはや若くない時期に入ってからの激震はたまったもんじゃない。「島原の雲仙大火砕流」や「阪神・淡路大震災」などの犠牲者、特に中高年の人々の苦労がそれを如実《にょじつ》に示している。

あのような災害に遭遇したら、やはり最終的に物を言うのはお金である。その蓄えの大きさが新しい屋根を買ってくれるからだ。

言うまでもなく、阪神・淡路大震災の後に、神戸の街にひまわりの種を配り、咲かせている「ひまわりおじさん」や、その他無数のボランティアの善行は、お金では買えない。

生保倒産寸前に個人年金解約

公的年金の破綻が、しきりとマスメディアで叫ばれ続けている。

国民年金の掛金を払っている一五〇〇万人のうち、十人に四人が未払い状態にある。掛金の月額は、一万三三〇〇円（二〇〇二年六月現在）。今後もどんどん高くなるであろう。

二十歳以上六十歳未満の日本に暮らす人はすべて、外国籍であろうと学生であろうと、年金料を毎月払わなければならないのだから、大変である。物価スライド制を停止する案も出ている。

それなのに、介護保険料は、月に約四六〇〇円年金から差し引かれる。（各市町村ごとに決定され、所得によって額が違う。二〇〇二年六月現在）

各人が年を取って、公的介護に頼れるようにするという考え方はいいが、支払い方法や、どういう介護を受けられるかを決める方法にもっと工夫がいるであろう。中高年はなけなしのお金を取られ、その見返りが公平でなければ、生活が苦しくなる一方である。

さて、私の場合は次のような経過をたどり、今日の収入源の国民年金と、生保の個人終身年金が、前者は隔月に、後者は年一回入金されるようになった。粘り勝ちであった。

国民年金は、隔月たったの五万二九三三円だが、生保の個人年金はもっと多いので嬉《うれ》しい。

(なにが嬉しいのよ。自分の血と汗と涙で前払いした分の十分の一が、支払われただけじゃない。十年以上たたなきゃ元は取れないのに)

しかり。国民年金だって、アメリカ国籍を取得したため、日本国籍を失わなければならなかった私が、やっと八七年に日本永住権を取り、国民年金をもらえるのかどうか誰も保証してくれないまま、市役所へ何度も通い、否定的に言われながらも、奇跡が起きるというカンで、ある程度過去の分まで(海外生活のため空期間が長いので)払い続けたから、こうしてもらえるようになったのだ。

九八年六月、テレビで、中高年の男の人が国民年金の支払い拒否の理由を次のように語っていた。

「政府は口約束だけで、契約をしてくれたわけじゃない。将来、年金が受けられるかどうかわかったもんじゃないよ。それより生命保険会社に毎月三万円ほど払っても、満期になれば払ってくれるんだから、安心だ」

「安心ですって――」

私はテレビに叫んでいた。

甘い、甘い。すでにN生保は倒産している。自分の払った分の元金は（一〇〇〇万円まで）保証されているというが、それ以上ある人はどうするのだ。

私はかつて、一流経済新聞紙上のお勧めに従って、現金一時払いで、時期をずらして二口、生保の個人終身年金を契約した。たった一人の老後がはっきり見えていたので、食べるものも食べず（それはウソ）、別記したような節約でためたお金を、六十五歳から支給される個人年金に注ぎ込んだわけである。

国民年金の方は、結果的に法律が変わり、空期間の多い私でも永住権取得という条件に助けられ、受給者になったわけであるが、個人年金を買った時点では、たぶんだめだろうと恐れていた。だからこそ、終身を約束されている個人年金しか、老後の安心は得られないと結論を出したのだった。

年金設計書には、基礎年金に毎年配当金が上乗せされていく右肩上がりの美しい曲線が印刷されていて、外交員は口でさらに豊かな老後の絵を描いてみせた。六月と十一月に満期になる二口の年金で、六十五歳からの私は、月にして最低十数万円の基本金プラス配当金に、あわよくば国民年金となにがしかの所得があるはずだった。

ところが、一般日本人が想像もしなかった、金融界や大蔵省（現財務省）の極悪が暴露され、バブル崩壊の名のもとに、庶民経済事情はめちゃめちゃになる。経済評論家の話では、私の契約した生保会社は業界十一位か十二位で、「赤字で大変だ」とか。すぐに公然と報道もされた。私は本社に問い合わせ、大蔵省にまで電話を入れ、保証について根掘り葉掘り聞いたが、安心できる情報は何一つ得られなかった。

N生保倒産のニュースの後、「あんたの会社もいよいよ危ないぞ」という経済通の内緒話に、私はどうにかしなくちゃと身の縮まる思いになる。

アメリカ人がよく口にしていた言い方は、

「一つのバスケットに卵を全部入れなさんな。転んだり落としたりしたら、一ぺんに傷がついたり、つぶれちゃうからネ」

私は一口ずつ別の会社と契約しとけばよかったのだ。会社がつぶれたら、私もおしまいだ。

そうこうしているうちに、六月分の大口の方が満期に近くなった。契約時と同じ、信頼する外交員が東京支社から来て、途中で法律が変わったと言う。

「全額分をそっくり年金でもらうと、一年の税金が五万余円にもなるので、その中から三〇〇万円貸し出したことにして、税金を二万円にする方がお得ですから」と、すでに書類まで用意してあった。

契約者の私が、自ら支払った金額の中から、三〇〇万円借りる形を作り、生保が私の口座に入金し、それを矢の如《ごと》く会社に入金し直す。もとより受取額は少なくなるという。

当日いきなり新しい節税書類に判をつけと言われて、かつて高価なようかんをもらったりして契約した顔見知りの、ほとんど同世代の女性が相手とはいえ、「ハイ、そうします」とすぐ判を出すほど、こちらもまだボケちゃいない。三〇〇万円は二年後に解約できるとか。

私の口座に入金された三〇〇万円を、生保の決めた一年の前期最終日までに超スピードで振り込む先を、担当者の個人口座で……という話になり、全体像がはっきりしてきた。

これこそ、会社が私に払う額が少なくなる契約転換で、担当者の営業件数に加算される性質のものとわかってきた。私のカンは反対していたが、節税という言葉のマジックに負けた。それでも最後まで私は言い続けた。

「信頼している××さんのお勧めだから、絶対間違いはないですよね」

念を押しながら、自分自身を説き伏せていた。一人で大きな決断を迫られたとき、どうする？

ところがである。その後手続きを完了して連絡してきた担当者の言葉はなんと、

「本社から戻ってきた数字では、節税になりませんでした」

（そんな数字を前から知らなかったなんて――）

しかも、元には戻せないと、絶対に聞いてくれない。じゃあ、サギも同じじゃないか。それまで信頼し、親しげな雰囲気を保ってきた同じ中高年同士だから、ケンカはしたくなかったが、背に腹は変えられない。

私は本社に電話をして、かくかくしかじかでも、契約を元通りにしないのが会社の方針かどうか聞いた。決して担当者を非難するような言い方はせず、最初はあくまで

一般論として相談係に問いかけてみた。が、事実を口にしてもらわないことには、何も言えないとがんとして受けつけないので、私はそうするより他なくなる。

本社まで苦情が行くと、契約者の立場が正当なら、関係職員にマイナス点がつく。彼女は夫がいてゆうゆう自適の生活図を描いてはいたが、同じ働く中高年として職業的ダメージになることは、私としてはほんとうに言いにくかった。しかし、彼女のやったことは非プロ、非人間的であった。

なんと、本社への電話終了後三〇分かそこらで、その外交員から電話が入り、「希望により元の契約通りになりました」と告げてきた。本社のホの字も口にしない。

彼女の声の裏にははっきり、「よくも本社に言いつけたわね」という怒りが絡《から》まっていた。

もう一つの十一月の口が満期約一カ月前になり、私の住む市の営業所事務員から意外な電話がかかってきた。九七年のことである。

ところで国民年金の方は、一旦《いったん》有資格者と裁定されれば市役所から通知があり、住民票ないしは外国人登録証明書を持参して手続きをし、年金手帳に、裁定請求済の朱印を押してもらうだけですむ。六十五歳の誕生日の翌月、基礎年金番号通知書が郵送されてきて、それを手帳の表紙裏に貼《は》り、後は隔月入金を待つのみ。

生保の個人年金の場合は、そうは問屋が卸さないことが、その九七年秋の意外な電話でわかったのである。

「岡田さんは、本社に知り合いがいると聞いたんですが、ほんとうですか？」

事務の女性の唐突な質問。

最初意味がよくわからなかった。満期一ヵ月以上前に、担当者から連絡が入り、予約して家庭訪問となる手順なのは、前回の六月満期分手続き事件で、とくと承知していた。

事務員の話はこうだった。手続きをすべきその営業所の外交員が、「あの人は本社に知り合いがいるから、私は関わらない」という。

そんな話ってあるのか。どういういきさつでそのような子供じみた口実を楯《たて》に、ビジネス上の客の手続きを拒否するのか。

私はあきれて、所長に訴えるのさえ、もうとましくなってしまった。前回、本社に正しいことを正しいところに運んでもらったことが、東京の同じ支社ではなく、地方の小さい営業所職員にまで通じていて、そのいきさつを「知り合い」という形にして義務回避？

（やれやれ、自分が払った前金の約十分の一をもらうのに、こんな気分の悪い思いをしなくちゃならないの。くそくらえだ！）

折からその生保の台所事情悪化のニュースが入ってきた。

私はキレた。（十年前に現金一時払いした、三〇〇万円の口は、解約だ）

会社がつぶれたら一〇〇〇万円までしか保証されないならば、せめてこの小口の分だけでも丸々頂かなくては。

私は営業所へ出向き、あれこれの身分証明書を提出して、きれいさっぱり解約した。問題の外交員は営業所にいなかった。元金三〇〇万円は、十年間で五一六万六八八九円になっていた。だが、契約当時は無税と言われたのに、確定申告時ごっそり取られた。会社は、倒産する代わりにアメリカの会社に合併され、旧名は一文字も残さず、カタカナ名になっていた。

そして九八年に、再び六月満期分の一カ月余前の営業所チェックが入る。契約者がたしかに生きていて、登録の住所に住んでいるかどうかのお調べである。

まだ息をしているのであれば、六カ月以内に取得した住民登録証か外国人登録証を用意して、自宅に来訪した係員が目と実印で確認した上で、約一カ月後の入金とあいなるわけである。

なんと、堂々の電話連絡があったのは前年の六月分のときに問題発言をした外交員その人で、しかも、同じせりふだったのには二度びっくり。ともあれ、その人しか私のケースを扱う人がいないのだ。私はふだんならこんなバカげたことをうのみにはしない。商人の子として、商売をする側の人が客に失礼なのは許せない。しかし、この場合私は、生保になけなしの一四〇〇万円を支払いずみの立場であるにもかかわらず、今後この人物が異動するか退社しない限り、小さな町の営業所ではもう動きが取れないのだと悟る。

私は前年のいきさつも、いまだにへんな文句をつけてくる人の失礼も知らなかったふりをすることにした。毎年不愉快な思いをしながら、自らの当然の権利を受けるのは得策ではない、と決め、私は「演技」をした。

自宅へ来るのはその人一人のはずだったが、若めの男の所長を連れてきた。私はよりよい人間関係を希《ねが》って、玄関口に座布団《ざぶとん》を出すのではなく、二人をリビングへ招き、茶菓子をお出ししたのである。「ご苦労さまです」と。

差し出された書類に書き込み、手続きを終えたとたん、所長が外交員に合図を出す。すると、彼女は新しい年金設計書を私の鼻先に。

「こういうのがありますけど、いかがですか」の一言もなしで、思いようによっては、「年金を払ってやるから、新しいのに入れ」といった威圧感をただよわせて。少なくとも、来たからにはタダでは帰らないよ、といった雰囲気が歴然だった。（毎年こうして、やられるのか——。もう一口は解約しといたから、せめて年一回ですむものの）

この先何年、私はこの儀式を続けなければならないのだろう。いや、続けられるということは、生きている証拠なのだから、よしとしなくちゃなるまい。

命綱の年金額を契約したときの外交員に、現金で手渡したときのことを想《おも》い浮かべつつ、相手を失望させることを言いにくい私が、それでもはっきりさせた。

「この期《ご》に及んで、新しい年金は考えられません。万一、その気になるようなことがあったら、私の方からご連絡しますので」

今度のことで痛感したのは、私的年金の払い込みが完了し、いざ支払われる立場になると、もう客ではなくなるということである。誰がなんと弁明しようと、私の体験からはっきり言えるのは、支払いずみの客は会社の、「金のかかるやっかい者」になるわけだ。満期になってまだ二年目で、もうそういう対象になるなら、人生九十年時代を地で行く高齢者になったときはどうするんだ。

「スミマセン。スミマセン」とペコペコ頭を下げますか。もうボケちゃって、そんなややこしい逆転劇も感知しないかもしれないけど。

いずれにせよ、命綱の老後資金を全部タンス預金でまかなうわけにもいかず、はてさて、「老後の沙汰《さた》も金次第」も気苦労がいりますわ。

ときに、生活資金の調達法として、武蔵野市で行なわれている「福祉資金の貸し付け」のように、自分の家を担保にお金を借りられる制度もある。

月一〇万円以内でけっこう暮らせる

九八年の梅雨入り二日後、図らずも、日本晴れというよりすいか晴れになった。茨城県の森種苗《しゅびょう》園から、見るも新鮮で美味《おい》しそうな小玉すいかが五個も届いたからだった。

産地直送品を注文したわけでも、誰かの贈り物でもない。

「ラジオのプレゼント応募の命中品」なのである。

買えば、安くても五〇〇〇円はするであろう。たった五〇円のはがきを出して、一発で当たったのだ。それも、有機栽培の、大々好きのすいか。誰かにたっぷりご馳走《ちそう》しなくちゃ。

その前は、コーヒーメーカーのすてきなデザインの小鉢セットが。ウイスキー会社のディレクター・チェアも当たり、寝室に欠かせない椅子《いす》、衣類かけ、つかまり台兼用になっている。懸賞応募マニアなんかじゃないが、数少ない応募がほとんどみな当たり～になって、なんやかや送られてくるのは、愉快千万。

（もしかして、不景気の中だけど、私の当たり年かな!?）（なあーんてネ）

まあ、嬉《うれ》しいニュースは少ないのだから、そのときは子供のように手放しで悦《よろこ》ばなくちゃ体が損をする。小おどりの勧めのゆえんである。

ところで、小玉といっても、メロンの二倍くらいあるこのすいかプレゼントを頂戴《ちょうだい》するに至った裏に、次のような「物語」があったのである。

月一〇万円で暮らす話はどうした、ですって。ハイ、それと結びつきますです。

実はさかのぼっての三月十七日の夜、突然早稲田の同級生から電話が入った。すいか物語の発端である。

クラスの中のハンサムの一人で、読売新聞社で活躍して出世した人物だった。その時点では、ラジオ日本の社長、外山四郎さんのこと。

何年もお会いしていなかった。私がお年賀と共に、ふと虫が知らせて送った自著、

『たった一人、老後を生きる』を読んで連絡をくれたのだという。

「どう、ラジオのディスク・ジョッキーをしてみない」とあまりにも唐突なお話にびっくりし、興奮してきた。早朝の新番組とか。

（この年のズブの素人《しろうと》に、なぜ？）とは考えなくもなかったが、大学にいたとき、小説家かアナウンサーか、などと将来の職業を夢見たこともあった私めだった。

他の級友や学友たちからも、その都度職業的に大変お世話になり、親切にして頂いた。ほんとうに生涯深謝してやまない。家族や身内の大部分には個人的利害関係で見捨てられた形のままだというのに……。

「捨てる神あれば、拾う神あり」と私が常に信じて、口にする訳がここにもあった。

五十代からたった一人の再出発を続けながら、人さまの優しさをどんなに身に滲《し》みてありがたく思ってきたことであろう。外山社長もガンの手術をし、日々の激務と闘う生活だと知り、頭が下がった。

かくして、私はラジオ日本の「早起き一番館」というトークと音楽の番組に、毎週土曜日の午前四時から五時まで、対談の相手としてレギュラー出演することになった。

「馴《な》れるまで、こんな形で週一ぺんやってみて下さい」

と関係者に言われ、六月六日が初日になった。すでに週五日「早起き一番館」のパーソナリティをしている森山親弘さんの足を引っぱることがないよう希いつつ、六十の手習いがはじまった。

NHKの「ラジオ深夜便」にお客さまを奪《と》られているであろう、中高年用番組にほんの少しでもプラスになることを伝えられればいいのだが、書く場合と違うので、すぐ首になるかもしれない。

ラジオのマイクは別物。慢性アレルギー鼻炎と、年齢のため声が老化している現状では、とても声でリスナーを惹《ひ》きつけるのはむずかしい。話の内容だけが勝負のカギだが、講演のように視覚に訴えてごまかすことはできない。

でも、社長に声をかけてもらったことと、少しの間でも、自分の胸の裡《うち》なる言葉を電波に乗せられる喜びは、まさに、「いきいき老後の糧《かて》」となっている。予期せぬ困難が邪魔しない限り……。

最初の収録の帰り、私は疲れも感ぜず、デパートならぬ安売りスーパーの衣料品売り場へ立ち寄り、三九〇〇円のブラウスが一九〇〇円になっているのを買った。二年ぶりで買ったブラウスは、今まで身につけたこともない、オレンジと黄色の細かい格《こう》子《し》縞《じま》模様だった。

その夜、私は読みかけていた他の人の老後の本を再びめくり、「持ち家があれば、一人暮らしなら最低二〇万円ほどあれば暮らしていける……」というくだりにきて目をパチクリ。

(ご冗談でしょ。庶民中高年の実態をご存じありませんね)

持ち家がなかったら、いったいいくらかかるというのだろう。現実に、持ち家があっても、月一〇万円以下の年金で(少々の別口資金のアルバイトとか、身内からの少額援助などがある場合もあるが)生きている一人暮らしの人が無数にいる。その一人が私だ。

前記のように、隔月入金される国民年金は、金五万二千余円。それに前払いした生保の個人終身年金が年一回支払われている。

物書きやアルバイトの収入は、不安定で当てにはできない。もちろん、講演やラジオ出演や有志活動同様の英語を教える仕事からは、「いきいき人生の糧」という、換金できない報酬を頂いているので、当てにしないで当てにしている次第。

使わないとき電気のコンセントを抜いておき、冷暖房のきいた場所(図書館、スーパー、デパートなど)を利用して冷暖房費を浮かすのを前提として、私は月一〇万円前後で暮らしている。

残金があれば、医療、老人ホーム行きの費用にためる。家計簿はつけた方がいいのだが、どうしても長続きしない。動くお金は少額なので、必要な数字だけ頭に入力している。

予算分だけ手元に置いて、小出しにして使う。

緊急医療費は持ち歩いている。食品を主にした生活用として別にバッグに入れ、買い物や交通費にも当てるが、必要に応じて足すようにしている。

衣料費、娯楽費、教養費、交際費などはほとんどゼロ。一〇万円の予算からカット預金してたまった分を、たまにそれらの費用に当てる。何カ月かに一度であるが。食事は、外食がほとんど皆無になり、手作りが主になって一石二鳥である。

知り合いに矢田さん（仮名、七十九歳）という、都の公団に住む一人暮らしの女性がいる。身内はいない。

実に、正真正銘の月四万円生活者である。家賃は年金の四分の一ですむが、それにしても生活費は、ほとんど私の食費分である。元気そうで、何よりも明るい。タンポポなどの雑草も食用に。スーパーやデパートの地下食品売り場の試食愛用者でもある。

誰からの援助もなく、仏教を信じている。

「自分の苦労は仏さまが与えた試練でして」

宗教心の薄い私にはただ頭の下がる思いだった。たった一人暮らしの高齢者の例である。

それにつけても、中高年の一人暮らしは、持ち家があれば、最低二〇万円という説は頂けない。とても庶民の実態とは信じられない。

そもそも日本経済を、こんなにしたのは誰なんだ。少なくとも働き者で、忍耐強い庶民中高年なんかじゃない。

六十五歳以上のマル優（預金、貯金各三五〇万円まで利子は無税）は助かるが、超低金利の現状では、年金と利子を当てにして老後をまかなうつもりが、みな水泡に帰してしまったではないか。さんざん税金と年金掛金を払い、戦後の復興に寄与したのに。

その朝こんなやり場のない憤《いきどお》りを感じつつ、うとうととして、いずれ自分の声が出る「早起き一番館」にスイッチを入れた。

このときちょっと気になって、音楽の間に敵地偵察のため他局へ回してみると、「すいか上げますよ」というパーソナリティの人のアナウンスが耳に飛び込んできた。ラジオでは、盛んにプレゼント作戦を展開している。なんにもくれない局は、リスナーがいなくなっちゃうと心配になるほど。

テレビからラジオにより興味を抱きはじめたときに、偶然このお話が持ち上がったので、ラジオのことが気になってならない。ラジオに出させてもらう以上当然のことである。

人気番組は二ケタ年数も継続し、全国ネットの提携があり、スポンサーも多いのがわかった。ほとんどの出演者がテレビで顔を売った人々で、各局のいい時間帯にひしめいているのもわかった。芸能界の人々の仕事先も過当競争のようである。

ラジオのプレゼントに応募したことなどなかったし、その気にもならなかったのに、なぜか私は大好きなすいかの美味に誘われるようにはがきを送っていた。それが一発で当たり、一個でも大感謝なのに、五個も送られてきたといういきさつだった。それも、競争相手の番組を通じてのハプニングだから、ついニヤニヤしてしまった。

実は、驚いたように書いたが、内心すいかが当たる当たる、という予感が強くきていたので、なおさら愉快になる。

(自慢げですが、カンだけは当たる方なので)

皆さんにも、まめにプレゼント応募をお勧めしたい。マル得生活術の一つになる。

その他、最近の一〇〇円ショップは、魚や野菜まで大安売り。店が近くにない人は残念だが、利用できるものは利用して、金欠病になりがちな現代中高年時代を乗り切るより他ない。

応募はがきの書き方のポイントは、字は太めにはっきり書くこと。製品のマンガチックなイラストを右肩（目立つので）に添えること。「応募年齢」は、スポンサーや関係者が消費者になり得ると思うであろう年齢に。警察の取り調べではないから、ゲーム感覚でけっこう。それから関係者をほめること。絵心不必要。

ところで私は、プレゼントのすいかがあまりに美味しいので、病みつきになってしまった。後にファックスで注文せざるを得なくなる。これこそ業者のねらいどころで、年をサバ読みして応募しようと、客になってくれるなら百歳でもいいわけであろう。

この話を聞いた英語の女生徒が言った。

「家では、家族中であらゆるものに応募してるけどダメなの。先生、今度私のはがき書いてくれる？」

「もちろん。その後で気を入れておまじないを唱えましょ」

応募エキスパートぶる私だったが、それならついでに「応募はがきの書き方」まで書き足しちゃおう、ということになった次第。

テレビで、懸賞当たり屋の人々の部屋いっぱいの賞品を見たりして信じられないときがある。応募のコツも私と似た点があるが、ノートを片ときも離さず、募集要綱を書きとめておくようなマニアックな作業は私の性分に合わず、時間もない。

でも、一人暮らしの狭いキッチンの床いっぱいに、五個ものすいかがでんと構えているリッチな絵に、戦時中の子だけに嬉しさも百倍になった。

小けちでもうける

【日常生活の楽な工夫】

●歯みがきなどチューブ入りのものは、出なくなったら、上部を半分に切り（上の方が出口の固いところに届きやすい）、楊枝《ようじ》などでほじくって使うと、あと一週間以上もつ。

●ホームパーマで五〇〇〇円は得する。巻くロットを買えば、やり方は簡単。

●スーパーへは四時以降に行って、一〇〇円引き、前日の品の半額引きを買う。小売店でも安売りしていれば、利用したい。言葉をかけたりかけられたりの精神療法が得点になる。

●薬局や化粧品店では必ず見本をもらう。これがバカにならない。

●一人暮らしだとあまりまとめ買いはできないが、歩く機会が増えていい。持ち運べる肩と、自転車のバスケットの余裕があったら、バーゲンのときに日常要るもの、たとえば大きなパックのトイレ用紙などを買いだめしておく。デフレ傾向の今が買いだめの旬《しゅん》。

●店によっては、買い物スタンプ四冊分で一六〇〇円などというおまけもついているが、細々やれる性格ならやった方がいい。面倒臭くても、懸賞応募同様、やらなきゃ得はやってこないのだから、やってみること。頭の運動にもなる。

●お風呂《ふろ》の水を何十年も変えない有名などけち奥さんの話が、全国ネットのテレビによく出るが、これは私の好みと推薦外である。よりきれいな湯船にゆっくり浸《つ》かることこそ、リラックスにつながる、と私には思える。けちって損するのはごめんである。

●そこで、もう一度「現代中高年の稼ぎ方」の原点に戻って、節約で得した分がつまり収入だということを強調したい。
たとえば、一〇万円の品物を九万五〇〇〇円で売る店を努力して見つけられたら、利息五パーセントの貯金を一年間したのと同じになるのだ。

●さて、小けち風呂に戻って、私は一回だけ長めにゆっくり湯船に浸かることにしている。中であまり垢《あか》をこすったりしないで、表皮をふやかすことに専念。マッサージをしたいときは、水をバチャバチャしないで、肉体から離脱するものがないように静かにさわる。要は、湯水を必要以上に濁らせないことである。洗った後は、シャワーだけ。これで同じ湯を四、五日は使える。

●風呂場の掃除は、早いうちに水で湯あかを落としておいて、洗剤をスプレーしてしばらく放っておけば、後は水で流すだけですむ。しつこい汚れだけ古い歯ブラシでこする。

主な汚れやカビは、暇のあるとき、気分の向いたとき、そして、脂肪減量の必要時にゴシゴシとやればよろしい。

ちょっとした習慣にしてしまいたいのが、入浴中のあまり湯と水でパンティと下着くらい簡単に洗うこと。入浴後に古布などでタイルの水をささっと拭《ふ》き取っておくと、湿気やカビ防止になって後で助かる。

【まだある、節約で生活費三〇パーセント引き】

●節水用コマを蛇口の中にセットして、水量を少なくする。風呂の水の残りを、園芸、掃除、洗濯（水道水とほとんど変わらず、きれいになる）、洗車、ペット洗い、打ち水などに活用。

ところで、湯船の中の水は、予備の飲料水とともに緊急用に不可欠なので、とりかえるまで張っておく。

●トイレの流す水量は、一旦《いったん》ねじをしめて少し戻すくらいの開放度が、節水と機能を兼ねられる。ちなみにお客のときは、ねじをもう少し開けてもいいだろう。それから、貯水槽にペットボトルを入れると水が流れにくくなり節水になる。皿洗いは日に一、二回のため洗いで、すすぎは一ぺんにがお得。

●1エアコン、2冷蔵庫、3照明。

この順で電気料金が高くつくことを、この際頭にしっかり入力しておいて、節電にかかりたい。

八十七歳で亡《な》くなった母が、子供夫婦と同居し、半分寝たきり状態ながら自分の台所へ立ち、必要以上に大きい冷蔵庫の中の食品を出すのに、ずい分と時間をかけて迷い、開けっ放しで流しの方へ行ったりしていたことを想《おも》い出す。

明治生まれで、東京下町の商人でありおかみだった母は、冷蔵庫を一〇秒以内で閉めないと電気代を損する、などという情報は知らなかった。実家へ行くたびに、やせ細って髪をぼうぼうにした母が、自分の下のことと食べることはせめて自分でやろうとしていた様子が、最近とみに瞼《まぶた》に浮かんできて、じーんとしてしまう。数年前の最後のころの母の姿を想い起こすたびに、私が知ったつもりでいた老いをほとんど知らなかったことに気がつくのである。そして、真の親孝行が足りなかったことも。きょうだい四人とも、差こそあれ同罪だ。

近ごろ私自身が、冷蔵庫のドアを長めに開けているのに気がつく。一〇秒なんてとうに過ぎているのに、平気で開けている。年を取ってきた証拠なのだろう。私のような人に必要なのが、冷蔵庫についているか、取りつけ用のキッチンタイマー。ドアの開放時間を小うるさく知らせてもらった方がいいのだろう。

●ぜいたくは馴《な》れてしまうとやめにくい。が、小けちは馴れると離れがたい代物《しろもの》だ。昔アメリカで知り合った大金持の高齢未亡人は、食事用に必ず使うナプキンを、四つ折りにし、その一面を表裏一食ごとに、八回にわたって使っていた。成金ではない資産家の中に、質素な小けち生活者がいたのは、世界恐慌《きょうこう》の痛みを忘れなかったからか。

●ガス、アイロンの余熱利用はもとより、エアコン室外機の上にベニヤ板・よしず、室内のカーテン閉めで空調代を大幅カットできる。

●粗大ゴミ収集所などに、他人の不要品で当方の宝になり得る品物がある。ほんとうに要るものだけ頂戴《ちょうだい》して自宅をゴミ置き場にしない。小ぎれいな住まいの方がマル得。

●フリー・マーケットで安いものを買ったり、要らないものを売ったりもいいが、地理的に便利なことが第一条件。老人パスを出す地域は別として、年金中心の生活者にとって、交通費が高くつくのはうんざりである。

かつて私は東京の文京区に住んでいたので、今の住まいでは以前の約九倍の交通費になる。そこで、東京近辺への用事は、できるだけまとめて片づける。回数券やバスカードを活用。

マンションと学生の姿は増えても、買い物や娯楽などではまだ田舎なので、出かけたついでに途中の大型スーパーに寄る。

●その前に、近くのデパートの地下食品売り場に行き、ほとんどの見本を試食してから食品を買い、袋はゴミ捨て用に再利用する。

スナック代がただになり、空腹から起きやすい衝動買いを防げる一石二鳥。日常試食だけに来る中高年もいると、店の人が証言。

●医療費や老人ホーム（または同類）用資金を最重要視しなければならない中高年生活者にとって、子供や孫へのお小遣いや、慶弔用の金は大変。近所のお付き合いも金より心で。

「そういう訳にはいかないわよ」という声が聞こえてきそうである。それなら、子供や孫が人間らしく「どうもありがとう」と微笑《ほほえ》むことを条件にしたいのである。言わない者が多すぎる。

あるいは、手作り品かカードでこちらの気持を伝えれば充分ではないか。アメリカ人はこれを基本にしている。アメリカのよい習慣の一つだと思う。

●有名デパートの包み紙でないと、贈り物の価値がないような先入観は取りはずしたい。私は昔から母に有名デパートへ連れていかれ、買い物の後の食堂での一時が何よりの楽しみだった。今でも、できるならその楽しみを失いたくないが、低所得者だからもっぱらスーパーのバーゲン狩り屋と化してしまった。

東京神田で伯父がはじめた魚屋の後妻になり、本郷で家政婦会を一人で経営していた母は、デパートへ行くのがほとんど唯一《ゆいいつ》の楽しみで、実にいい着物に着替えて、しゃんとして出かけていったものである。やや高いお金（商品券）で買ったパジャマが、長年の洗濯によく耐えているのを目のあたり《ま》にするたびに、私はデパートのよさを改めて感じる。

●現在は製造業者が売れない在庫品を少しでもはき出そうとして、デフレ傾向にあるが、やがて物価が高くなる、インフレになるだろう、と推測する経済専門家もいる。

「それでは、低所得中高年にはバイトもパートの口もめったになく、どうすれば少しでも余分なお金が入るようになるのか?」

みみっちいかもしれないが、前記のような生活の知恵と、何かのベンチャー商売(中高年が共同出資で作ったパン屋などが成功している)か、発明で金銭的余裕を得る夢も悪くない。現に、七十五歳の女性発明家は年商数億円。その他、広い世の中には珍しい商売で不況知らずという中高年もいる。

だが、お金の虫になって、健康と心のゆとりを失ったら損である。あの世へ持っていかれるわけでもなし、まあ、ほどほどにできるものなら、稼げるチャンスを見送る手はないが。

お金を作るのが生きがいの場合だってある。中高年になったら、明日をも知れない命なのだから、やるもやらぬもあなた次第。死ぬ前に、ぜひアレだけはやっておきたい、というのなら、人の迷惑にならない限り、やっておいた方がすっきりする。月一〇万円で暮らしている私は、この文章を書いている六月十五日の午後四時四十五分、音楽を聞きながら、とても幸せな気分でいる。梅雨中の日本晴れも手伝っていよう。

着のみ着のままで八三年にアメリカからUターンし、女一人の再出発に踏み切って以来、こんなに均衡のとれた充実感を味わったことはないように思う。あったかもしれないが、覚えはない。十一日の熊本での講演がうまく行き、ラジオ出演への希望と、最近増えた友人との交流など。ところで、熊本では二十年前に通訳した男性が会いに来て下さり、とても嬉《うれ》しかった。

やっぱり、人生のこの期《ご》に至っては、幸せはお金だけから生まれるものではない。まず、故障はあっても、なんとか元気で動けること、人に必要とされることである。それに、各人に合った生きがいを得られればしめたものだ。なんにもないと言わず、ささいなことでも生きがいや希望にしてしまい、ともすればうつになりがちな四十代からの精神状態に活力を与えたいものである。

私の場合は、仕事とそれをめぐる人の情によって、「ただ今、いきいき人生中であります」と言い切れる心境にある。ありがたいことである。

三章

住まい――老後の安住の地なし!?

七十五歳までに最後の引っ越しを

21世紀に向かってひた走る。

「誰が？」

人間はそう速く進みたくないのに、物事だけがさっさと進んでいるのが現状である。

特に、五十代に入ってから月日のたつのは競歩並みになった。六十代に一歩足を踏み入れたとたん、競歩どころか、オリンピックのマラソンランナーのスピードで年が去っていく。

「こらー、時計を止めろ」

子供のころ、大人や子供のいじめに遭うたび、私は早く大人になりたいと希《ねが》ったのに、月日はちっとも動かないように思えた。わが子の病気や学校でのトラブルの渦中《かちゅう》にあっては、どんなに時のたつのが遅々としていたことだろう。

アメリカの生活保護受給者たちにどやされながら、何百というケースの書類の山を少しでも崩そうと夢中だったとき、来る日も来る日も時間は私に重たくのしかかるだけだった。

中高年という、あと十年、ボケない年月があるかもしれない、ないかもしれない人生の最終段階に来て、私はしみじみと自分で買った「屋根」を眺め回す。わが1LDK城を。

八三年五月、アメリカからUターンした私は、女一人の再出発に踏み切った。五十一歳であった。

男女とも、庶民の中高年がもう一度人生をやり直すための最大の関門は、「何をして生活していくか?」「どこに住むか?」の二点である。

親友のように仲がよかった亡《な》き母は、古くて客の来ない旅館の一部屋を使うことを望んだ。昔は東京の場末と呼ばれた町だった。

そこで私は家賃と食事代を払った。嫌がられる居候《いそうろう》にならないように、同じ屋根の下の、長い廊下の先の別の一角に住むきょうだいの配偶者に気をつかいつつ生活したつもりだったが……。家は母の名義だったにもかかわらず、半年かそこらで、師走《しわす》の街へ、文字通り義理の女《ひと》に追い出されてしまった。

そのいきさつは、前著（『たった一人、老後を生きる』）に記したので、ここでは結果のみにとどめる。あのときのオヨメさんの強さやイジワル度が想《おも》い出され、ぞっとするので、ふり返るのも躊躇《ちゅうちょ》する。

要するに、私は学んだのである。同じ家賃を払っても、実家の屋根と他人の家の屋根は全然別物だと。

「女の熟年再出発は、まず身内ではなく、他人の屋根の下ではじめるべし」

甘えは許されない。少なくともスタートどきには。たぶん経済的にデンと独立するまで。

仕事もしかり。

五カ月の間、私は新聞の求人広告に電話で問い合わせること二〇三回。履歴書を郵送すること二一回。面接をお許し頂いた先は六件。ほとんどみな同じ口調で、「3K女(高年齢・高学歴・孤立)は雇えん」。

だが、私の人生の節目節目に現われる、捨てる神さまに対して存在感を発揮する、拾う神さまのお陰で、子供英会話教室主任の給与所得と、主に女性誌の十三年に及ぶ連載の収入で、ごはんを食べ、マンションを買うべくせっせとお金をためることができた。

マッチ箱のような新築ワンルーム・マンションでの生活。その代償は、ホルムアルデヒドみたいな物質とカビで、慢性アレルギー鼻炎となる。東京文京区の高級住宅地の一角で、外観と便利がよく、ついつい十年も箱の中に住みついてしまった。鼻炎もしつこく住みついた。

楽しいこともなくはなかったが、五十代の女盛り（？）を犠牲に、老後の個人年金と住まいを獲得するための仕事中心の生活になっていった。両方を掌中にするのに、ちょうど十年かかったわけである。家族とは〝音信不通〟だが。

「浪花節《なにわぶし》だよ女の人生は……でしょ。みんな色々あるのよ。でも、岡田さんはいい方じゃない。自分の城が買えたんだから」

同じような立場の友人に説教された。

六十一歳で、今のマンションを雑費込みの約二六〇〇万円で買った。七〇〇万円のローンは二年目にゼロにした。

ローンの利子の方が、定期の利子よりずっと高く、緊急用資金を残して精算せざるを得なかった。経済専門家もその方が得だと言っていた。

常識的に言って、老後の住まいは、お金がたまってからでなく、たまり出したら早めに準備したい。たぶん私なんか待ちすぎた方であろう。五十代で賃貸から分譲に移行していたら……とも考えないでもないが、あのバブル狂時代の東京のことだから、手も足も出なかった。

五十を過ぎ、夫なり男の人なりの生活費の援助と無関係な立場にいて、二種類の仕事を持ち、みじめにならないための好環境で高めの家賃を払い続けていた。

そこは女だけのマンションで、全員娘のような年齢だった。約十年間、外へ出ないと行けない地下の共同洗濯機でしか自分の衣類を洗えず、行けば必ず先客がいて不便だった。いい年のおばさんが、自分の洗濯機もない生活。昔アメリカで、妻と母をしていた家は、三百坪にキッチンがマンション一戸分の大きさだった。過去をふり返ってよくよするつもりはないが、あまりの違いであった。

そのマンションでは、お掃除のおばさんと間違えられたこともあった。

「お孫さんのところへ遊びに来ているんですか？」と聞かれたこともあった。

（いいかげんにしてよ）と怒鳴り返してやりたいほどバカらしい、年齢差別のシーンもあった。

バブルが崩壊しはじめ、これ以上値段は下がらない、と不動産評論家は声を強めた。私のカンが電波を送り出した。老後の住まいという感覚はそうなかった。それより自分の屋根を確保するべき最後のときのように感じた。いつか売って老人ホームへ入ればいいと。

幸い東京近郊のこのN市に自分の好きなデザインの1LDK（約四三平方メートル）を、大手不動産が新築中との広告が目に飛び込んできた。

私の年収もうなぎ昇り（?）のときだったので、不動産と提携銀行も六十過ぎの女一人の世帯主にお金を貸す気になったのであろう。かくして一城のあるじとなった私の郵便箱に、五年半後の今年の六月、一枚のチラシが入っていた。

マンション売ります、の広告だ。買うつもりはないので、チラシをメモ用紙に小さく切ろうとして、目の端にちらっと映った間取り図に視線を当てた。

（えーッ。うちと同じ間取りじゃない）

なんと、それもそのはず、わがマンションの同じタイプの二階の住人が売りに出しているのだった。さらに目を見張ったのは、価格だった。

「一六〇〇万円」とある。そのマンションは、最上階の七階の私宅よりずっと安かったが、五年間で約五〇〇万円目減りしたことになるのだ。

（うちだったら、いくらになるのだろう? 昔なら不動産を売るときは、買ったときより多少高いのがふつうだったじゃないか。バブルとは、まあにくたらしい奴《やつ》!）

これでは、私が売るころ、つまり七十五歳までにたぶん老人ホームに入らざるを得ない、老化現象差し押さえ限界年には、いくらになっているのだ。

一年で一〇〇万円の目減りということは、家賃にしたら月約八万三三〇〇円プラス月約一万二〇〇〇円の管理費になる。九万五〇〇〇円以上だ。管理費も値上げされそう。

敷金二と礼金一くらいと、二年ごとの更新料がないだけいいものの、冗談じゃないよ。

(これじゃあ、稼げども稼げども、わが老後楽にならず。とても有料老人ホームの入居金や月額支払金をためるまでにはいかない)

ひどい!

どんなに前から、老い支度にかかっていても、時の運と健康上の急変で、どんでん返しもあるというレッスンである。

まだ、三故障息災でやっていけるだけいいとしなくてはなるまい。私の場合の三故障とは、慢性カビ・ほこり・ダニ鼻炎と胆石症と自律神経失調症であります。他にもあるかもしれないが、この本を出すまで検査は見送っている。頭の中も診《み》てもらう必要を感じてはいるが。

知人のGさんは、科学畠《ばたけ》のキャリア・レディであった。一生独身を通し、四十代前半から着々と老い支度をはじめ、周囲の人々を驚かせていた。

母子家庭で育ったGさんは、特養ホームで惨《みじ》めな死に方をした母の二の舞をするまいと、異常なまでに財テクにのめり込み、老後の豊かさを夢みて、「カネ、カネ、カネ」の生活に明け暮れていた。

十人並みの器量で、彼女と結婚したがっていた同僚もいたのだが、かたくなに女の幸せを拒否した。恋人も作らずに。

Gさんは七十歳までに有料老人ホームに入るのだと、数年も前から全国の施設を訪ねたり調査したりで、この面でも実に合理的であった。

蓄財も億に近いとか、それ以上だという噂《うわさ》もあったほどだが、果たしてどうだったか。その豊富な資金を注ぎ込み、Gさんは三食と安全保障医療つきの豪華な老人ホームへ入居した。

ところが、経営側がバブル時代の財テクに失敗したとかで、どうもホームの運営継続に暗い影がさしたまま。悪い情報が飛び交っている。

完璧《かんぺき》に見えたGさんの老い支度だったのに、彼女はこの事態にうつ病になり、人と会うのや通信を避けつづけている——。

「倒産すれば、Gさんには一銭も返ってこないんだって」

と、Gさんの友人は眉根《まゆね》を寄せた。

「たとえ、裁判に持ってったって、Gさんの神経がもたないでしょうよ。なんのためにあくせくした四十代、五十代だったのか。もう老後は成り行きまかせにしようっと」

どんな人生にも浮き沈みがあり、それが老後にやってくると、私たちは予想外の衝撃を受けて傷つきやすい。

自分を守る方法は、完璧な計画などなく、万一うまく行かなかったとき、長く落ち込まずにはね返せるかどうかにある。

最悪の事態にも、どこかに小さくても希望の光が見出《みいだ》せるものなのである。命あってのものだねだ。でも、死にたくなることもあるのが人の世である。

赤いドアのマンション物語と教訓

老人ホームなんかに入りたくない。

七十五歳までに老人ホームのよいところを見つけて入らざるをえないかな、と理性では考えても。優良ホームはあるはずだが……。

「でも、それしか老後の身の処理をより安全に保つ方法はないよ。たった一人で生きていくんだから」と自分に言い聞かせたりしているが。いたって自由が肌に合っているものだから、大切な人間の自由を奪われるか、奪われやすいホームの団体主義に溶け込めるかどうか自信がないのである。ボケてきたら別であろうが。

昔から、私は自他ともにプライバシーを大切にしたい人間だった。人とは仲よくしたい。そのことに変わりはないが、個人のニーズや特性を十把一からげにされてしまう団体生活が毎日だったら、たまったもんじゃない、と思うわけである。

そこで、ボケる前の老い支度プロジェクト、つまり、自分にいちばん向いた老後のための準備を、あれこれ検討、改良することを着実に進めていくつもりである。まず、この書き下ろしが終わったら、家の整理整頓《せいとん》から。

年を取った庶民の一人暮らしは、いったいどんな環境と住居で生きるのがよりよいのであろう?

昔私がアメリカでケースワーカーをしていた、アパート式老人ホームで痛感したことは、中高年同士で住んでいると、話や趣味が合うのはいいが、暗いニュースに取り込まれ、少々憂うつにもなることだった。

「××が急性肺炎で、夜中に救急車が来て眠れなかったわ」

「××のお葬式は、今日の三時からだから忘れないでよ」

などと、エレベーターの中や豪華なロビーで居住者たちはよくある話題を口にしていた。元ホテルを郡（区のようなもの）公団が買い上げ、低所得者用に運営していたものだった。

そこには美容室とすばらしいプールもついていて、至れり尽くせりであった。各人は所得の四分の一を払い、しゃれた1DKを中心にした冷暖房つきアパートに住むことができた。

（アメリカの老人はいいなあ――）と、まず持てる国の福祉制度と、同時に男女交際や自由や年齢制限のないことに感心した。

しかし、ケースワーカーの体験を積むうちに、この種の老人アパートは珍しいと分り、ナーシング・ホームと呼ばれていた有料・無料の特別養護老人ホームのうば捨て山的現状を見てからは、真実がっくりきてしまった。

そういうわけで、自分の老後にはたとえ入りたくない老人ホームであっても、近くに子供や若い家族が共存するコミュニティがあれば、まだその方がいい、という結論に達せざるを得なかった。

老いとともに、避けがたい急病や死が身の回りで起きるたびに、暗い気持にさせられるのは当然であろう。

周囲から子供や若い家族の生活音が響いてくるのは、うるさくて嫌がる人もいる。けれども私自身の体験からは、一人暮らしの中高年には、静寂なんかより、ある程度の生活騒音のある環境の方がいいと思えるが、皆さんはいかが？　なにも、自分の部屋の上に一日中走り回る子供が住んでいる共同生活を意味するのではなく、別棟とか近隣に子供がいるのが望ましい、孤立感の中和音になると信じるので。子ども好きの私にはそう思える。

たまたま、私が約五年前に東京から移ってきたこのマンションの隣が、大会社の家族寮で、遊び場からの音がほどよく刺激になる。

マンションの三十五戸の居住者は、東京方面からの移住者と、中どころのインテリ層でミックスされた、平均年齢四十歳前後とみた。

私は一年間管理組合理事もやり、時間が許す限りマンションにとってプラスになることのために目を光らせてきた。（ちょっと大げさかな）

居住者たちは大方常識的で、会えば明るい挨拶《あいさつ》が交わされてきた。私もそれに応《こた》え、強く微笑《ほほえ》み返してやまなかった。いくらこちらが下手に出て愛想をよくしても、ツンツンしている不思議な中年女性が一人いる他は、L形の七階建築物に収まった老若男女は、複合住宅としては難なくまとまってきた。

一方で、大手不動産会社が中どころの建築会社に施工させた建物自体には、私の住戸の化粧室の床のきしみを含め、あちこちに欠陥が出てきた。ぐずぐずと補修が続行されたが、そのまま放置されたものもあった。

同じ不動産グループの管理会社の指揮で、建築四年目の定番改装の一つとして、外装用ペンキの塗り替えが実施されることになった。この時期にしないと建物に悪影響とのこと。

ところが、ごく一部の若い奥さんたちの間で、一つの変更が唱えられ、その中に四人の理事メンバーの何人かもいたことから、あっと言う間にそれが正式変更事項に決定。

「玄関の赤いドアは、入居したときからイヤでイヤでたまらなかったわ」

ペンキの色を変えることに固執した奥さんの一人が、語調を強くするのを聞いた。

(赤いのがお気に召さないですって――)

私は内心耳を疑った。

それというのも、ドアのふちや非常階段の手すりに塗ってあった渋めの赤は、ベージュのレンガで覆《おお》われた外壁を唯一《ゆいいつ》明るくさせ、しかもさえない柄のワンピースの細くて赤いベルトのように、おしゃれな感じをかもしていたからだった。

実際、私の感覚としては赤いふちの四枚ガラスのドアに迎えられるのは、嬉《うれ》しいことだったのである。いい感じの赤だった。その方角に赤を使うのは、風水からも縁起がいいのではと考えられた。

このマンションのカラー・コーディネイターは、だてにプロをやっているのではないことがうかがえた。

その後、建築上の変更はマンション所有者全員の賛成がないと成立しないという規則があるということで、各戸に賛否の投票用紙が配られた。用紙の反対の欄にマルをつけようとして、虫が知らせた。理由を書き添えることになっているが、赤以外の色に変えるのに賛成の方には、理由はいらない。

「あくまでも民主的に決めるのが、管理組合と理事会の運営方針ですからね」

という、言うまでもない原則論も賛成側から聞かされていた。

(民主的というなら、多数決制だわよね)

私は引っ越して以来、一人暮らしの女を玄関で温かく迎えてくれた赤いドアと別れることになるかもしれないが、多数決で決まるのなら団体生活上やむを得ないと、賛成、反対ともマルなしで、「多数決の通りでけっこうです」と添え書きして、理事長の郵便箱に入れた。

長いものには巻かれろ、の処世術をある程度心得ているつもりの年配の私も、この赤いドアの件では、心を偽ってまで赤じゃない色に塗り替えていいですよ、とは言いきれなかったのだ。それに、三十五戸の中にはまだまだ赤の方がいい、と反対に投じる人もいるだろう、と察せられた。

ところが、締め切り日直後、理事長夫人が突然訪ねてきた。美人で感じのいい若い人の表情が、別人のように硬かった。

「全員が賛成なんですが、岡田さんの用紙だけまだなんです。一票でも反対があったら、あのへんな赤を消せませんからね」

彼女の口調では、個人の自由選択で反対を唱えようものなら、村八分にあいそうな感じさえ抱かせた。私はとうに用紙を提出したことを告げた。

「じゃあ、うちの郵便物が多かったのでまぎれ込んで、なくなっちゃったのかしら……」

「私は、多数決通りに、と書いておきましたけど」

「ああ、よかった。それじゃ反対じゃないんですね。一人でも反対がいたら、みんなの希望通りにならないので、大変なことになるんです」

（大変なことってなんですの？）

私は日ごろ好感を抱いていた女性の変わりように、いっそう身が引き締まる思いだった。はっきり、反対にマルをつけていたら、どういうことになっていたのだろう。

それにしても、他に誰一人として赤の方がいい、と名乗り出るセンスのある居住者はいなかったのだろうか。それとも、反対することがこわかったのか。

「あのう、どなたも反対しなかったのですか？」

彼女はやっと以前の表情に近いものを取り戻して、実は……と教えてくれた。

「××さんが反対票だったんです」

××さんは、どこかの大学で教えていると聞いた、好感の持てる中高年紳士だった。

私も管理組合の会合で隣に座って、賛同できる意見の持ち主だという印象を持った。

（あの年配の男の人の感覚でも、赤の方がいいと感じていたのが嬉しいじゃない）

「でも、すぐに説得に行って、票を変えてもらいました」

とその人は、誇らかに応えた。

こうして、赤いドアは永遠になくなった。その後、偶然にも初めて逆方向の次の駅へ行ってみて、斬新《ざんしん》なデザインの改札口のアーチに目を見張り、しばし突っ立ったままになる。地味な灰色の背景色に、そびえ立ったアーチを彩《いろど》っていたのは、なんと、わがマンションから消えたあの赤だった。

いかに、赤が生きていたことか。大なり小なり疲れて帰ってくる人々に、赤は温かくあでやかに元気印と福寿のメッセージを発信しているかのようだった。

現在、私たちを迎えるマンションのガラス戸は、黒に近いこげ茶のふちである。ベージュのブラウスにこげ茶のスカート。まじめで無難な組み合わせであろう。だが、このマンションは服装ではない。私自身がこげ茶の洋服を持ち合わせないせいか、玄関に近づくたびに、なんとなく葬儀場に入っていくような気がするときがある。

これは、私の年齢がそう感じさせるのかもしれず、もう一人の中高年の居住者が赤を消したくなかったのも、同じような明るさを求める年齢的なものに因《よ》るのかもしれない。

老若男女がミックスされた住環境がいいと、今でも信じている。たとえ、赤いドアが紫色になろうと、それが民主的なプロセスで変えられたのなら、何をか言わんやである。

ごく一部の人々の好みや欲望が、全体を牛耳ることになるのは困る。売り物として提供された原型をもとに、全《すべ》ての居住者が買うことにしたのだから、欠陥ではない限り元通りのスタイルであって欲しかったが。

ただ、世代の違いに、色の選択を超えた何かがあり、一人この城で老いていく先々にまだまだ色々のことがあるものと覚悟しなくてはなるまい。

自分を殺してから入る「うば捨て山」

うば捨て山は、ほんとうに実在したのだろうか。想像しただけでも胸が痛くなる。でも、昔からなぜか、おじいさんではなく、面倒を見きれなくなったおばあさんを山奥へ連れていって、そのまま見殺しにした日本の習慣を聞かされてきた。21世紀に入ろうとする現在でも、「うば捨て山」はある。

年取って頭も体も衰えてきて、自宅で、老人ホームのような施設で、「うば捨て山」扱いをされてしまうことがある。別の市で、八十歳で他界した知人の家族にいきなり、「おばあちゃんは、特養でいじめ殺されたんですよ」と告白され、私は何回か話し合ったことのあるAさんの死因が、「うば捨て山」症候群の犠牲だったことを知った。

「おしっこができるのに、おむつを強制的につけさせられ、肌の弱いおばあちゃんはすっかりただれてしまい、体と心の痛みで、自らの死を急いだようなものなんです」

「看護婦さんによくお願いして、改善してもらうわけにはいかなかったんですか?」

「岡田さんはアメリカ生活が長いから、そんな悠長なことを言ってるけど、看護婦さんに文句を言ったら、かえってにらまれて、おばあちゃんにもっと辛《つら》く当たられてましたよ」

日本での入院体験は、子供のころに限られている私は、ここで施設への入院・入居を上手に運ぶ一つの重大な方法なるものを学んだのだった。

それは、第一に病院やホームの質であることは言うまでもないが、看護人との相性がことさら重要だと聞かされ、自分でも出産のため三度アメリカの病院に入院したときのことを想《おも》い出した。

やはり、看護婦で不親切な人がいた。私が少数民族だったことにも関係があったようだ。だからと言って、あの大変な量の仕事を、それに見合わない待遇でやりこなす日本の看護スタッフを非難するものでは毛頭ない。

むしろ、頭の下がる思いで、平常はいる。それに、御し難い患者や入居者がいて、心労の絶えない職業であろう。

単に通院中のことと違い、病気で施設に入っているときに、一番身近にいる看護スタッフと気が合わないのは、たしかにやりきれないことである。二十四時間のことだから。それがもとで、症状が悪くなったり、治りが遅くなることもあろう。

特別養護老人ホームで亡《な》くなった知人のほんとうの死因は不明ながら、家族が家で面倒を見られなくなったという事実があったわけで、年を取って自己管理ができなくなれば、「大なり小なり、うば捨て山を承知で、施設へ送られる運命にある」と考えざるを得なかった。

たった一人の私のような立場の人々は、他目《よそめ》にも見すごすわけにいかない症状になった場合、具体的に、どのようなことをすればいいのか。まず何をして、次はどうすれば？

あるいは、自分の状態すらわからなくなっている場合、誰が、どこの人が、何をしてくれるのか？　にわかに、もっと具体的に、一つ一つの手順を調べなければと意気込むあまり、ここで書く手を止め、私の住むN市の総合福祉センターに電話した。

七月に入り、温度計はエアコンを入れていても三〇度近かった。エアコン鼻炎の私は、これ以上強くすると、エアコンから飛び出すカンジダカビで鼻がくすくすし、咳《せき》が出るようになる。

電話に出たMさんという相談員（最初に職種と名前を名乗るという感じのよさだったが、役どころははっきり聞き取れなかった）が、かつて老後問題で書いた二冊の本の取材中に連絡した、どの福祉関係の人より微に入り細にわたって教えてくれた。あまりの情報に、メモることも記憶袋に入れることもできずに、ゴチャゴチャしてしまったところもあるが、私のような立場の人が自分のケアがむずかしくなってきたときに受けられるサービスは次の通りである。（介護保険実施以降については105頁に）

1 有料ヘルパーの派遣（安い料金）

2 これで立ち直れないときはケアハウス（九〇年に完成した新軽費老人ホーム。軽度痴呆《ちほう》症なら可。ほぼ個室）

3 次が、養護を含む有料・無料老人ホーム

4 最終的に、特別養護老人ホーム行きとなる。ただし最低一年は待たなければならない。

N市では、東京都で行われているような老人の財産管理制度、県立の有料老人ホーム設立などを現在考慮中とも、Mさんは言及してくれた。

九七年暮れに刊行した『散骨代とお駄賃を残しておきます』（主婦と生活社）を執筆

中に、取材のために電話した千葉県シルバー一一〇番では、町内の民生委員と、市の老人福祉課に独居を知らせ、折々に連絡してもらうことを勧められた。これもたしかに覚えておきたいが。

全く同じ質問に対し、一年の間隔は空いているものの、回答の内容と具体性には格段の差がある。取材を兼ねて私自身の最重要問題の解明に迫っているわけで、正しい適切な情報収集は、どこで、誰をつかまえて、何を語ってもらえるかにかかっている。が、なにごとも一人だけの情報で結論しないこと。

元福祉ケースワーカーとして、今さらながら反省し、教えられることが多い。福祉相談員は、優しく同情的に応対する以上に、相談者の知りたい点、知るべき点の説明を懇切に、と感じたのだった。

丁寧に謝意を表した私に、恐らく三十代か四十代と察せられる声のMさんは、「どうか、私たちがお世話をしなくてすみますように」と最後に言った。その直後、ラジオから、特養老人ホームの工事金に四億円も水増しして我々の税金を盗んだ容疑で逮捕された、宗教関係者のニュースが流れた。

（またも、老いを食い物にする悪い奴《やつ》！）

いずれにせよ、Mさんとの会話ではっきりしたことは、一人暮らしはどんな病気やケガをしても大丈夫。なんとか外部から助けを得られる。蓄えと年金額に応じた、いや、それなりに老人福祉制度が提供してくれる助けを。

ただし、これだけはだめだ。だめというのは最終的で否定的すぎる表現ながら、あえて書く。何がだめかというと、

「一人暮らしでボケたら、だめなのだ」

他の病気やケガなら、なんでもいい。考える力があって、人の助けを求められるのだから。ボケの種類や程度にもよるが、これにかかったら、自分しかできない自己管理のしようがなくなるのだ。そこが問題なのである。

私は決して、養護・特別養護を含む有料・無料の老人ホームが、「うば捨て山」と言っているのではない。「うば捨て山」を想像させる事件や状態がたまたま起きたことにより、人間性尊重の立場を重視する私のような人間の目にそう映りがちになることを心配しているわけである。

特養や福祉をめぐり、政府高官やその他社会で責任ある立場の人々が大変な悪事を犯していることを聞かされつづけて、私たち庶民の中高年はおいそれと信用できなくなってしまっている。

老後生活をある程度安心で快適に過ごせるサービスを提供する有料老人ホームとな

ると、入居金として平均二〇〇〇万から三〇〇〇万円、月払い平均十数万円以上必要になる。もとよりホームのある土地、施設、サービスによるわけだが、私のようにやっと買えたマンションの価値が超目減りしてしまった場合、これから七十五歳くらいまで、どうやってまた二、三〇〇〇万円以上ためられるというのだ。第一、月々の経費だって払えない。

　報道によれば、千葉で最近住む人がいなくなった独身寮を、五〇〇〇万円の入居金で老人ホームに転用しはじめたという。

ところで、ケアハウスと呼ばれている軽費老人ホームはどんな内容のものなのであろう。

【ケアハウスとは】

　ケアハウスは、平成元年「高齢者保健福祉推進十ヶ年戦略」の中で、新しく生まれた施設である。個室で、高齢化による生活機能の衰えにも、車椅子《いす》生活にも対応できる。外部からの在宅サービス（ヘルパーのような）を導入して自立した生活ができるようになっている福祉施設。千葉県と周辺のケアハウス数カ所に電話して色々聞いた後、パンフレットを送ってもらった。公立はそこの住民に限られ、空きも少ない。私立の中で、唯一《ゆいいつ》数十人の待機者がいると言われたにもかかわらず、どこよりも早くパンフレットを送ってくれた「ケアハウス　サンセットホーム」（松戸市日暮四―七―七　電話〇四七三―九二―六六八一）の書類の内容をチェックしてみよう。

二〇〇二年六月現在で、施設のサービスの主なものは、

*個室と二人室に、ミニキッチン、トイレ、洗面所。（浴室は男女別共同、個人浴室の利用もできる）

*集会室、会議室、洗濯室、食堂、冷暖房設備、スプリンクラー設備、ストレッチャー用エレベーター。

*緊急時は、居室より事務室につながるコールブザー、夜間宿直者、医師との提携。

*自室で、外部からの保健婦などのサービスを受けられる。

*余暇活動として、趣味・サークル活動があり、地域行事にも参加。

*仕事を持っている人は、施設より通勤が可能。

*資格は、原則的に六十歳以上で、自炊できない程度の身体機能低下が認められる人。

*利用料（利用者の所得に応じた国で定める額）

事務費一人一万～五万九九〇〇円

生活費一人四万五三一〇円

管理費は月払い二万円（個室）、三万三〇〇〇円（二人室）、一時金なら三〇万円と五〇万円となっている。

別のケアハウスでは、隣接に保育園と病院のあるものもあり、私はふと保育園でボランティアの英語講師をやれたら……などと将来像を夢想したりした。もしかして、それどころではない頭の状態になっているやもしれないのに。

【介護保険について】

二〇〇一年四月から実施された介護保険の利用について簡単にまとめておきたい。

介護保険は権利であり、慈善ではない。ただし自ら申し込まなければ利用ができない。体が不自由になったりして介護が必要になった時、子、配偶者、兄弟姉妹などの身内の介護者ではえてして感情が入りすぎるものだ。介護保険で利用できるヘルパー・サービスだと、そうした面がスムーズにいく利点がある。

介護保険には四十歳以上の全国民（外国人の永住者を含む）が加入し、介護保険料を支払っている。介護保険料は自治体によって異なるが、前年収により月額一五〇〇円前後から五段階に分かれる。

介護保険のサービスを受けられるのは、介護保険に加入している六十五歳以上の被保険者である。ただし六十五歳未満でも、健康保険に加入し、老化が原因の特定疾病の人は受けられる。

介護保険を受けたい人は市役所、区役所、町村役場など各地方自治体に申請する。介護が必要かどうかの審査も地方自治体が行う。要介護の認定を受けると、その程度に応じてケアプランが作成され、在宅あるいは施設のサービスが受けられるようになる。

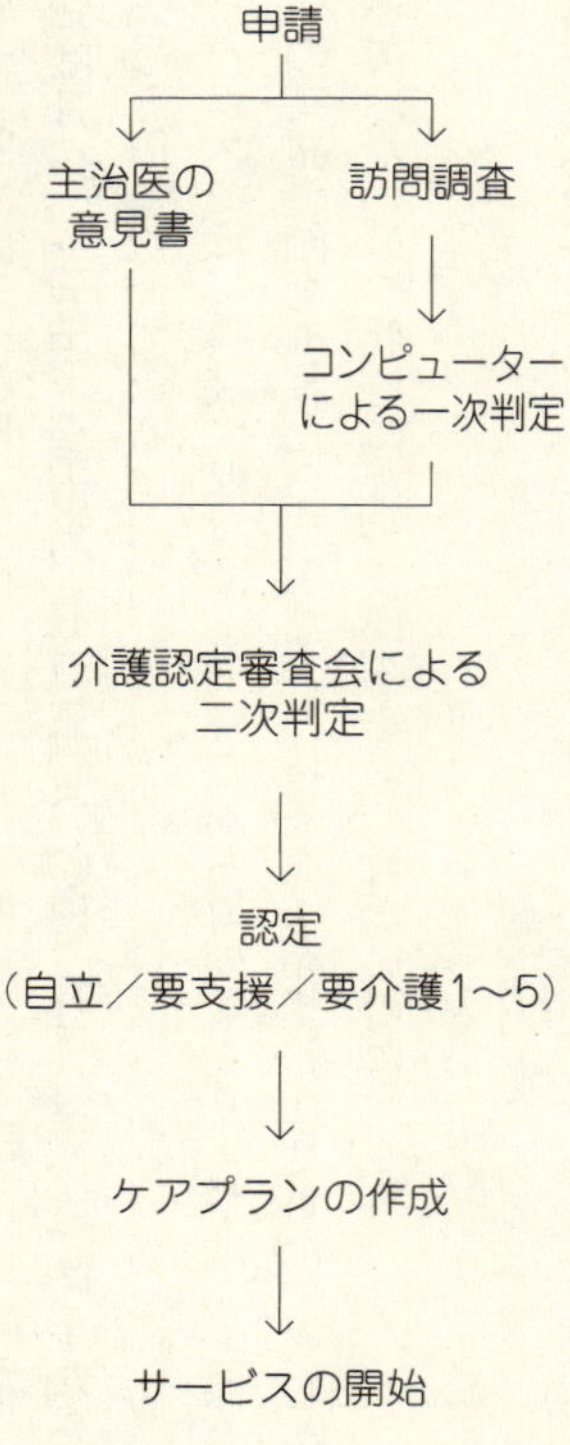

介護が必要かどうかの状態区分は次の七段階。

自立		サービスは受けられない
要支援	日常生活の能力はあるが、身の回りのことなど、一部介護が必要	在宅介護サービスを利用。施設には入れない
要介護1	立ち上がりや歩行が不安定。身の回りや入浴などで毎日1回の介護が必要	在宅介護サービス・施設介護サービスを利用
要介護2	起き上がりが困難。食事・排泄・入浴などで毎日1回の介護が必要	
要介護3	起き上がり、寝返りが自力でできない。排泄·入浴·衣服の着脱など毎日2回の介護が必要	
要介護4	日常生活の能力が低下。意思疎通ができない人も。1日3～4回の介護が必要	
要介護5	生活全般にわたり全面的な介護に頼り1日5回以上の介護が必要	

介護保険のサービスを提供するのは、役所ではなく、指定を受けたサービス業者。社会福祉法人、医療法人、民間企業、非営利組織（NPO）などさまざまであり、提供されるサービスの内容も業者によって異なる。どの業者だとどんなサービスが受け

られるかは、はじめに介護を申請した地方自治体に問い合わせれば知ることができる。

老人ホーム以外のより安心な住まい

まだ自炊も、自己管理もできるが、淋《さび》しいし、「いざ」のときのことを考えると、一人暮らしの継続に自信が持てなくなってきた。そう思う中高年に、ケアハウスや老人ホーム以外にどのような選択が残されているのだろう。

1 下宿屋バンク

「下宿屋バンク」と呼ばれる非営利組織（NPO）がある。中高年のみならず若い世代も含めて、移転先をさがしている人と、部屋を提供する人を結ぶもので、これを利用して下宿する方法が生まれている。米国でも、個人の家に下宿させている家がある。

連絡先は、NPO法人下宿屋バンク（代表・崎野早苗）。

〒二三一―〇〇一 横浜市中区新港二―二―一横浜ワールドポーターズ6階

総合福祉・生活情報案内所　電話〇四五—二二—二〇八七（十一時〜十八時）

ＦＡＸ〇四五—二九〇—九五一五

2　グループ・ホーム

下宿屋バンクが基本的に自立して生活できる人を対象としているのに対して、グループ・ホームは介護の必要な痴呆性高齢者を対象とし、9人ほどの高齢者が専属の介護者とともに小規模共同住宅で生活するシステムである。国の補助も適用される。

3　介護移住

全国の各市町村で、中高年向けに最も気配りの利《き》いた特養、一般医療、福祉施設がより充実した土地に移るという方法。

これには、知人の推薦があっても、自らよく下調べし、現地に寝泊まりして自分の性格やニーズに合うかどうか体験しなければならない。

これにふさわしい土地と、マスコミなどで紹介されている地域もあるが、ここでは私自身が体験し、別の土地と比較できるだけの時間その他の余裕がともなわないので、具体的な名前は記せない。

この方法は、住み馴《な》れた土地を中高年になってから離れることのマイナス面が大きいので、夫婦とか同居人がいるケースならともかく、一人暮らしには向かないかもしれない。土地の先住民、習慣などとの折り合いが成功のカギになろう。

かなりの勇気と冒険心がいるが、不可能ではない。さらなる調査と準備が必須《ひっす》である。

4 海外移住

●移民法上の規則をクリアーする。

●その国で通じる語学（多分英語ならいい）がある程度できる。フィリピンに、日本人のための有料老人ホームができて、入居者も少なからずいると聞いたが、私には不安な要素が目立つ。

●体験居住をしてみる。その国自体と施設に、一ヵ月以上。

●老後の生活費は、金融ビッグバンなどで自由に円から外貨に換えられるようになったが、肝心の医療保険の取得が困難を極める。私はアメリカの場合しか例にできないが、アメリカには、日本の国民健康保険に類似する国家的保障のあるものがまだない。もとより、低所得の高齢者、生活保護者に有資格期間だけ支給するメディカル・カード（医療券）はあるが。

アメリカの一般市民は、個人的に医療保険会社と生命保険を買うように、契約した上で、まず自らの財布か小切手でかかった医療費を払い、後で保険会社に領収証とともに小面倒臭い申請書を提出して、調査と入金完了をじっと手をこまねいて待つのである。

そのため、中産階級以下の大衆層の半分は、保険の掛金が高いため医療保険証なしでいるのが大問題になっている。

クリントン大統領夫人が打ち出した国家的医療保険制度も議会で認められずじまいとなり、好景気のアメリカの深い傷になっているのだ。

以上のような点が問題なしとなれば、アメリカのリタイアメント（現役引退）の後にくるライフ・スタイルには、日本と比較にならない自由と快適さがあることはたしかだ。

カップルの一人が五十代以上なら買える、レジャー・ワールドとか名前のついた中高年用各種の施設つき大住宅のコミュニティが各地に作られていて、その中にゴルフコース、プール、劇場、レストラン、テニスコート、サウナバス、ピクニック場などを無料提供している施設も少なくない。

また、結婚、離婚と忙しい国民なので、晩年シングルになっている男女も多く、したがってシングル用のコンド（分譲マンション）や、集団住宅地も少なくない。

ペンション・ホームとかリタイアメント・ハウスとか、名前は色々だが、広い土地と樹木と緑の芝生の間に、高層《ハイライズ》、ガーデン（三階建てくらいで、エレベーターなし）、タウンハウス（長屋式一戸建てで、小庭やガレージのついた豪華デザインもある）、完全一戸建てなど、アパート（マンションとは言わない）を主とした、それは快適な住環境である。

一生普通に働いて普通に預金や財テク投資をしておけば、日本円の二〇〇〇万円前後で購入できる場所が多いという点が、この日本の約二十六倍の広大な土地が提供してくれる特典であろう。そして、年齢制限はさしてなく、友だちや恋人を作れる習慣やチャンスがあるということである。

日系の六十九歳のMさんは、カリフォルニアのリタイアメント・ハウスでゆうゆう自適の生活を楽しんでいるが、ボーイフレンドは七十三歳の元教師の白人。交際は二年目に。

「早く結婚しようよ」

「ノー、ノー、結婚はだめよ」

「どうして？」

「何回も言ってるでしょ。この年になったら、今まで通りお互いの住まいを訪ね合って食事をしたり、ドライブに出かけたり、映画に行ったりの交際がいちばんスムーズに行くのよ」

「きみは、ほんとうにぼくを愛してるの？」

「もちろん、愛してるわよ」

こんな甘ったるい会話が、飽きることなく交わされても、どこかの男性のように、「何度言ったらわかるのよ」などの「うるさいなあ」とか、どこかの女性のように、否定文は決して出ない。

年を取っての交際は、分別と少年少女のそれのように、と教えているようだ。余談ながら（いや、重要な情報であります）、二人の男女関係は、ライブということである。年齢に関係なく、握手や肩を抱くだけでも、肌の触れ合いがある交際は、心の暖房になると信じる。

四章

食生活――たった一人の食事も美味

ガン、ボケ、寝たきりを同時に防ぐ食べ物

食べることとは、頭がよくなることである。

ボケてくると、のどに水が通らなくなり、通すこともどうやっていいのかわからなくなる。食べることを忘れたり、食べても食べても、食べたことを想《おも》い出せない。

さあ、そんな風にはなりたくない人は、早めに食生活を再点検し、長年の悪いくせや習慣や妥協から脱皮して、新食生活に移行されたし。よくかむことを必ず加えたい。安くて美味《おい》しくて、中高年の三大関心事ガン、ボケ、寝たきりを防ぐ食品が、すでに分類、公表されている。

それが、『健康』九七年十二月号付録に発表されたものである。

こんなわかりやすい、親切な小冊子は見たことがない。なにも中高年でなくても、どんな年齢の人にも参考になる。なにしろ、現在は子供のころからジャンク・フードを食べすぎて、大なり小なり成人病の病原をたくわえている若者が多いからである。

その重要な部分を118〜121ページの表にまとめた。体によい食べ物の情報は巷《ちまた》に溢《あふ》れ、混乱してしまうが、この十六食品なら覚えやすく、日常食べやすい。しかも、いちばん心配なガン、ボケ、寝たきりの同時予防と抑制食品なのだ。

一人暮らしは、たしかに気楽でいいが、食事を作る強制的な理由がないので、ついつい食べたいときに、好きなものを口にして、栄養がどうのこうのを考えるのも面倒臭くなりがちである。

特に、男の人にはその傾向が強い。男女とも、お米を研いで、三十分から一時間待って炊飯器をスタートさせ、おかずを作るまでの作業は、おっくうになるときがある。ついつい、カップめん類、コンビニ中食類、外食ですませてしまいたくなる。

手ぬきは自然の成り行きながら、前記のガン、ボケ、寝たきり予防に効く十六食品をときどき思い出してもらうなり、参照してもらうなりして、ぜひこれらを日常少しでも食べるような習慣を作りたいものである。説明書を読むのが面倒臭かったら、まず絵に馴染《なじ》まれたし。

まだの場合は、主要食品栄養価表の一冊かコピーを、唐突ながらついでに相続と家庭医学書も買っておきたい。

ガン予防、ボケ予防、寝たきり予防の食品（表1）

材料	ガン予防	ボケ予防	寝たきり予防	一日に食べる量
じゃがいも	果物に匹敵するほど豊富なビタミンCが、体の酸化を防ぎ、発ガンを阻止	パントテン酸がアルツハイマーに、カリウムが脳血管型のボケに効く	ビタミンCがビタミンDの活性化を促し、骨折しにくい骨をつくる	1／2個
ピーナツ	ガン予防ビタミンACE《エース》の一つ、ビタミンEと食物繊維がたっぷり	脳の栄養素であるレシチンが、脳を活性化し、学習力や記憶力を高める	コレステロール値を下げる不飽和脂肪酸が、脳梗塞を予防する	10粒
大豆	女性ホルモンと似た働きをするイソフラボンが、ガン細胞に養分を与えて増殖させる血管の発育を抑える	タンパク質が脳卒中を防ぎ、コレステロールも低下させ、脳血管性ボケを防止	タンパク質とイソフラボンが、主な原因である脳卒中と骨粗鬆症を予防する	豆腐なら半丁 納豆なら一パック きな粉なら大さじ3
いわし	核酸を多く含むいわしが、ガン細胞を栄養不足にする	記憶の回路をつなぐ核酸が、特にアルツハイマー性のボケを防ぐ	血液をサラサラにし、脳血管性の寝たきりを防ぐDHAが豊富	1〜2尾

（表2）

材料	ガン予防	ボケ予防	寝たきり予防	一日に食べる量
カキ	豊富なグリコーゲンやビタミンB_{12}、セレンなどがガンを抑える	ビタミンB_1とカルシウムが神経の伝達を順調にし、脳の栄養素となる	動脈硬化からの寝たきりを防ぐ、タウリンやビタミンB_2を含む	5個
豚肉	日本一長寿県で豚肉を多く食べる沖縄は、ガン死亡率が最も低い	タンパク質が血管を強くしなやかに保ち、脳卒中を防ぐ	寝たきりの原因・脳卒中が最も少ないのは豚肉をたくさん食べる沖縄	中年 70～80g 高齢者 50g
卵	良質なタンパク質やカラザなどが、総合的なガン予防の働きをする	記憶力を高めるコリンが多く、アルツハイマー型の痴呆を防ぐ	卵の殻（酢漬け）のカルシウムを利用し、骨粗鬆症にならない骨作りも	1～2個
ヨーグルト	乳酸菌が発ガン性物質を吸収し、抗ガン作用のインターフェロンの生産も促進	カリウムが脳卒中の原因となる高血圧を、乳酸菌が動脈硬化を防ぐ	吸収されやすいカルシウムが骨粗鬆症を防ぐ。牛乳が苦手でも大丈夫	200g

（表3）

材料	ガン予防	ボケ予防	寝たきり予防	一日に食べる量
小松菜	緑色のもとβ《ベータ》カロチンが活性酸素を防ぎ、ガン細胞の発生を止める	高血圧や動脈硬化、脳出血を防止するミネラルが豊富な緑黄色野菜	カリウムとカルシウムが脳梗塞で倒れるのを防ぐ。骨の強化にも効果	1／4束
玉ねぎ	においの成分に、発ガンを抑える効果があると判明	刻んだときに涙を誘う成分が、血液をサラサラにし、ボケを防止	血管が詰まりにくくなり、動脈硬化が進んでも脳梗塞が防げる	1／4個
長ねぎ	食物繊維が善玉菌をふやして、発ガン物質を減らし、大腸ガンを防ぐ	かたい食物繊維をよくかんで食べると、脳を刺激して活性化する	血中のコレステロールや脂肪を排泄し、動脈硬化を予防する	1／4本
かぼちゃ	発ガンを阻止するβ《ベータ》カロチンがガン予防の主役	「冬至かぼちゃを食べると中風にならない」＝脳卒中からのボケにならない	食物繊維やカリウムが高血圧を予防し、寝たきりの原因を断つ	1／8個

（表4）

材料	ガン予防	ボケ予防	寝たきり予防	一日に食べる量
りんご	食物繊維が発ガン性物質や脂肪分を吸収して、大腸ガンの原因を排除	食物繊維がナトリウムとコレステロールを排出し、脳血管性のボケを予防	カリウムがナトリウムを尿に排出、脳卒中の発作を抑え、寝たきりを防ぐ	1個
しいたけ	糖タンパクが免疫力を強化して、ガンになりにくい体を作る	コレステロールを排泄し、動脈硬化を予防、ボケの原因を断つ	豊富なビタミンDがカルシウムの吸収を助け、骨を強くする	2〜3個
ひじき	ぬめりのもと・アルギン酸が、ガンを促進する物質をとり除く	アルツハイマーの予防に関係があるカルシウムがたっぷり含まれている	血中コレステロールを抑制し、脳梗塞からの寝たきりの危険度を減らす	5〜10g（乾燥した状態）
緑茶	活性酸素を消去するカテキンは、ガンの発生や増殖を抑える	脳の老化を防ぐ渋みのもとカテキンは、アルツハイマー予防の切り札	動脈硬化をふせぎ、脳血管が切れることによる手足の不随を予防	10杯

「健康」（主婦の友社発行）一九九七年十二月号付録より

手ぬきで充分な食事
――体の不自由な人、面倒臭い人、予算の少ない人のために

私がこの項の見出しに、体の不自由な人を真っ先にあげたのは、障害者への当然の人間的な気持の他に、個人的な理由がある。

アメリカでの二十数年の結婚の間、私は五回妊娠した。二度中絶し、長女メェアリー、長男ウォルターの次に生まれたのが、次男のアルバートであった。アルバートは、物理学者だった二世の夫の希望で、アルバート・アインシュタインに因《ちな》んで命名した。

前回同様、出産後全身麻酔から回復するべく特別室で、徐々に意識を取り戻しつつあった私の耳に、突然周囲の看護婦の英語が耳に飛び込んできた。

「この患者さんのベービーはひどい障害児で、亡《な》くなったのよ」

この患者さん、というのが実は私のことらしいのである。

（私であるはずがない）

胸の中で叫びつづけながら、私は現実の世界へ完全に戻った。が、夫や医師から聞かされた話は、私の生んだ子は、母親が見てはならないほどの顔面障害と、致命的心臓障害があって、生後五時間で死亡したという。

「ミセス・オカダは、原爆のとき広島にいましたか?」

というのが、産婦人科医の質問であった。もとより、私は広島や長崎へ行ったことはなかった。

アルバートの死は、ことさら哀《かな》しかった。なぜかというと、私たち夫婦の不和が、性格的不一致から修復しがたい段階にきていたのに、彼が生まれてこなければならなかったからだった。そして、小さいベービーは、一度として母に抱かれることもなく、生涯父と母の重荷になることを遠慮するかのように去っていったのだった。

「ごめんなさい、アルバート。たとえドクターに止められたって、あなたを抱いてあげてればよかったのに。ほんとうにごめんなさいね」

あのとき、私は動転のあまり、夫と医師の制止通りにした。その後、医師は、私が他のベービーの声や姿に接しないよう、別の病棟に移した。アメリカの医学界はとても患者心理を重要視する。

でも、今初めて告白できるけれど、アルバートの天国行きは哀しくはあったが少しも辛《つら》く思うことなく、神様が彼と私たち一家四人を悲劇から救って下さったものと解釈した。

「ほんとうは、ああいうお子さんは流産に終わるんですよ。たぶん、お母さんが健康なので、正常に造られていない胎児を育て続けてしまったのでしょう」

という医師の言葉が、私の思いを一部軽くしてくれた。息子の遺体は、その病院に献体した。

やがて帰宅した私は、彼のために用意したベービー用品のある部屋に、張って張って仕方のないおっぱいを抱えるようにして、入っていって泣きくずれた。

すでにおっぱいが出るのを止める薬を打ってもらったはずなのに、亡き子を想うためか、溢れるものはブラウスの胸をびっしょりにしていた——。

このマンションに移ってから、不思議と見たことのないアルバートの面影が、ときとして浮かんでくるようになった。顔を見たことがないのだから、面影とまではいかないのだが、私に似て色は白い方で、丸顔の子のような気がしたりする。

私はすでにいつなんどき急病その他で、この世を去るやもしれない人生の時期に来ている。あるいは、女の寿命通りあと二十年は生きる運命なのかもしれないが……。

もし、あの世があるとすれば、あの世に近い時期に入り、私は何十年も前に亡くしたわが子のことをなぜ意識しだしたのであろうか？

昨年（九七年）宮崎へ講演に行ったときから、アルバートのことがもっと切実に想い起こされてならなくなったのである。

それは、講演会の後ロビーで私の本のサイン会が行われたとき、長蛇の列の中にいた車椅子《いす》の青年の存在が発端であった。『たった一人、老後を生きる』と題した本を買って下さった方々の多くは、中高年女性だっただけに、その青年の姿がとても気になった。

他の方々が待っていらしたので、私は、「どうもお待たせしました。どうぞお元気で」と言って青年の手を握った。

彼は何も言わなかったような気がする。目だけは私の方をしっかり見詰めていた。青年はお母さんのために私の本を買って下さったのだろうか？ それとも、彼自身の老後に備えるためだったのだろうか？

その青年の存在が、アルバートを想い出させたのである。

（息子が生来のハンディを背負ったまま、たった一人で生きていかなくてはならない時期に来ていたとしたら……）

今私の胸は、わが子のことを想い返しながら、かつてなくうずいている。力不足なので、この本の中に、特に心身障害者のためのマル得生活術を書き加えられないが、心は人知れず苦労をしている方たちのことを忘れずに進めたい。

さて、本題に入って、食生活の重要性と、過多による悪影響を、この際はっきりさせることからはじめる。まず、今の日本人は質も量も食べすぎである。五分の一カットして、体と財布のために得するのはいかがであろう。

まず自分こそその必要があるのは言うまでもない。その一方で月三万円以上の食費については、戦中・戦後の食糧難の体験からか、食費と自家エステの費用だけはけちらないことにしている事情がある。

他にこれといったぜいたくやむだ遣いをしない、いわば節約生活の私も、この小さな楽しみくらい保持したいのだ。その分が稼げないようでは生きているかいがないなどと、内心考えたりしている。

主婦歴、台所歴が長い料理好きな方だった私も、六十代真っ最中を三種類の仕事のやりくりをしている関係もあって、料理どころではないこともあり、特に後片づけが面倒になりがちである。母もよく言っていたが、年を取ると、台所へ立っていちいちおかずを作るのが面倒臭くなると。一人暮らしではなおさらのこと。

そうかと言って、外食は高くつくし、コンビニ弁当類を含め、栄養価、塩分・脂肪既製品の食品を買うのも、栄養価と費用の面でしょっちゅうというわけにはいかない。そこで、次の「割増し料理」と「変身料理」をお勧めする。

【割増し料理と変身料理】

●既製品に、手持ちの野菜やその他の食品を混ぜて量を増やす。栄養バランスにもいい。

たとえば、繊維などで体によいごぼうは、きんぴらにしたくとも面倒なので、これを一包二〇〇円前後で買ってきて、半分くらいはそのまま食べ、後日残りに、にんじんやピーマンの千切りを混ぜていため直す。

その場合、すでにきんぴらに使ってある油と塩分でけっこう間に合い、調味料を少々加えたり、脂肪分をカットしてくれる七味とうがらし（一味よりもっといい栄養分が入っている）を足したりして、味アップをはかるのもよい。里いも、ひじきなど、元から調理しにくい食品の「割増し料理」は便利。

●ゆでた枝豆は、低カロリー、栄養価、化け方のバラエティーを考えるとすぐれものだ。さやからプリッと口に放り込むふつうの枝豆の食べ方に飽きたら、そして少し古くなってきたら（私はこうした既製品のおかずを二、三包まとめて買って三日くらいにわたり、冷蔵庫から出しては化けさせる）チャーハンや、玉子どんぶりに入れる。これが「変身料理」。

●ところで、一石五鳥くらいの栄養価に高めるため、私はのりをよく足したり、単独のおかずにするが、だんとつに便利で美味《おい》しく安くつく長方形の焼きのりは、白子のりの徳用パック（五十枚）である。

ときに、PR代を頂いているわけではないが、この本ではなんでも特記すべきすぐれものは名前を明記している。そのことで少しでもお役に立てればと希《ねが》うあまりである。

最近、近所の農家の未亡人と懇意になって、もぎたてホヤホヤの美味しい野菜を分けてもらえるようになり、私は嫌でも土を洗い落とすところからのおかず作りに精を出す回数が増えた。「割増し料理」と併行に。

たまに店のおかずを買ってくると、あまりの新鮮度と味の違いに、舌が驚いている。町のあちこちにまだ畑が残る東京の外へ移り住んで約五年。毎週三回農作物を売る小さな市が立ち、そこで何度か買ってきたが、九八年の初夏に知り合ったS・Uさんの畑から直接もぎたてを買ったものとの差が歴然としていて驚かされた。

私のように時間に追われたり、面倒臭い人、なかなか料理ができかねる人は、やはり一ぺんにたくさん作っておいて、冷蔵庫と冷凍庫に分けてしまい、ときどき小出しにして食べるのがベストのようである。

以前、作りだめしている奥さんの話をテレビで見ていて、私は内心反発したものだった。

(そんな家庭的なことできないよ。第一、同じものを食べるのはイヤ)

などと。ところが、これこそマル得料理法なのだ。味も落ちてないし、シチューやカレーなどは、日がたつともっと美味しくなるのはご存じの通り。

今のところいくら仕事に追われる身でも、主な仕事は家で座って書くことなので、体を動かす量が少ない。

それに年齢のこともあるのに、冒頭に書いたように、「食べすぎ日本人」の一人になってきた。その前は「食べすぎアメリカ人」を二十六年も続けていたのだから、腰から左右前後にこすりつけた脂肪は測り知れない。

医療専門家は言う。食物摂取を減量すべきで、多くの場合中高年になっても、昔の量で飲食し続けて生活習慣病になる率が高いと。

これこそマル得中高年食生活と信じ、一日三食を、

＊大きい朝食（納豆と乳製品を含む約十種類。総合ビタミン剤を食後に）

＊小さいスナック（残り物、甘いもの、中食、ジャンク・フードの中から二、三品選ぶ）

＊中くらいの夕食（納豆と乳製品を含む五、六種類。朝食のように手間をかけない）

という大、小、中の割合で食べている。

夕食には、ごはんを山盛り一膳《ぜん》食べないと不満なので、魚中心のさっぱり日本食に固定。肉類と油の多いものは、必ず朝食に。納豆は、そのままを空気のように半パックずつパクッと頂く。つまり、しょう油などで味つけをすると、ごはんを食べすぎるし塩分過多になるので。納豆そのまんまは案外いける。

食事を美味しく食べるのは、器にあるとか。だが、私はアメリカ式に大きな皿に色々な食品をのせて食べる方法で朝食をとる。この皿は、子供用のによくある、三つ仕切りがあって汁物が別のものと合流しないのを使う。洗う手間と洗剤を節約できる。

夕食は、日本式に違った器に盛って、少しでも気分を出すようにしている。ときには怠けてパックごと食べるが。年を取ったら、なにごとも形式にこだわらない。楽に。

楽に。

こうして、たった一人で食べる食事は充分美味しいことを、絶叫したいくらいである。よく専門家が、一人で食べるほど淋《さび》しいことはない、などというのは真っ赤なウソ。仲の悪い相手と、口論をしたり、一言も口を利《き》かずに食べる食事の方がずっと体に悪い。

その他、高齢者用給食サービスのある地方自治体もあるので、必要があれば福祉関係の事務所に連絡されるといいと思う。

ちなみに、私が生活するN市では、福祉評議会の下で、七十歳以上の独居老人に、わずか年八回だが給食サービスを行っている。十四支部があって、給食の仕方も、弁当の配達か一ヵ所に集って食事をするかに分かれている。

緊急用ではなく、あくまでふれあいの機会のように受けとめられる。利用者が給食を年八回もらうことより、それを通じて外界との接触ができるところにメリットがあろう。人と話す機会は貴重なのだから。

ほんとうに体が悪くなって食事の支度ができなくなれば、ヘルパーを頼むより他ないが、現在では食品宅配サービスも発達してきている。少々高くつくが。

私のところによく来るパンフレットでは、最初にクラブ加入金一〇〇〇円（退会の際返金）を払い、月一回申込用紙に数を記入し、配達は週一回で二〇〇円払う。これも個人のニーズや生活の仕方で、便・不便が分かれよう。いずれにせよ、利用しそうもないところでも、一応パンフレットと電話番号はとっておいて同じ場所にしまっておいた方がいい。ばらばらではなく。

私個人としては、近くの八百屋（今は農家のSさんも）、米や牛乳も売る酒店、それにam／pm宅配サービスとか、配達する店で買い物をし、電話番号を入手してすぐかけられるようにしてある。

医療機関同様、遠くのなんでもあるスーパーより、品薄でも近くの小売店の方が、「いざ」のときの配達サービスを実行してくれる。

私の緊急体験から学んだことは、一人暮らしはふだんから買いだめしておくこと。特に牛乳、野菜、肉・魚類は、すぐ鮮度が落ちるので、最低十日分は、保存可能なパックの製品（冷凍、びん・かん詰、スキムミルク、レトルトパックなど）を買っておくことである。天災のときのためにも役立つのだから。持薬を含む医薬品と紙類も。

歩けるうちは、食品の買い出しに行き、頭を使ってお得なものを買って、店内の人や物の動きにも刺激を受けてくることは、それ自体、老化とボケ防止になる。三重丸マル得。

歩いて持ち帰るには、リュックが最適。お財布を内側に入れれば、引ったくりからも身を守れる。物を持つのは筋肉運動にいい。

バッグの中には、必ず緊急用最低品目を入れておいた方がいい。

私の場合は、近くへ行くときも、ティッシュ、のどあめ、ハンカチ、連絡先、血液型、診察券、保険証、予備の現金（緊急医療費などに）、それに新たな紙切れ一枚を入れてある。それについては、「いざ」のときの章で、別のアイディアとともに具体的に触れることにする。

一年中通して安く、中高年の健康に欠かせない（前記以外の）食品は、にんじん、バナナ、大根、チェリー・トマト（トマトより栄養価高し）、こんにゃく、鳥肉、魚（まぐろ）、わかめ、とうがらし、にんにく、オリーブ油（ちょっと高いが、エキストラバージン）、わさび（自律神経失調症に）、酢、赤ワイン、牛乳等々。

ヨーグルトにきな粉をたっぷりかけ、黒みつで飾ると、「トロトロきな粉」と私が称する和菓子風味のおやつになる。中高年の低カロリーの栄養源として抜群だと信じる。

五章

体——自分が最高の医療管理人

運動嫌い、できない人のための運動法

「体が資本」という表現をよく聞くが、中高年にとっては、この言葉が別な意味でカギを握っていると思われる。

五十歳前後から、私たちの多くは一病息災か、それ以上の病気というか故障を持ちながら、人生九十年時代に立ち向かうことになる。

「どこも悪くないわ。元気バリバリよ」とおっしゃる中高年もいるが、真実その通りではない人もいて、他人に告げられない、内臓・筋肉・骨格・血行・脳内疲労などを抱えたり、その故障をいまだ知らずにいるケースも少なくない。

体が資本というのは、ふつうなんらかの仕事に対して使う表現だが、たった一人で過ごす老後では、

生きること

考えること

少しでも明るくすること
少しでも物事に興味を持つこと
少しでも唇に歌を持つこと
少しでも笑えること

を実行するためには、まさに体が資本になることに思い至ったのだ。

病気や故障の度合により、薬品その他の治療法である程度和らげられても、四十代からはじまると医者が言う、大なり小なりのうつ症状に輪をかけることになる。暗い気分になりがちである、入院、通院、リハビリ、自家療法、いずれの立場にある人にも同情を禁じ得ない。特にふだん一人暮らしで、優しく気を遣い、温かい言葉をかけてもらえる人との接触がほとんどない人々に。

前に、私はお金が間に合っていても、とどのつまりは人の情けに触れられるかどうか、だという意味のことを書いた。

だが、今回七月の猛暑の日々からはじまり、肩痛、ブリッジのトラブルによる歯肉炎、それに仕事のスケジュールからくる睡眠不足と、かつてない疲労感を、長いこと治せないでいたとき、やっぱり人間の幸せは、体の状態にあるなあ、と改めて感じた。自己管理の欠点も意識した。健康とまでは言わない。そんなに辛《つら》くなく日常の雑事を片付けられる、数故障息災でけっこうなのである。

がまんは、お手の物ではあるが、今までにない症状、つまり何をやっても抜けない疲労感はどうしてなのかわからないまま、ビタミン剤を増やし、自己管理を少しでも改め、より数分でも長く眠るようにした。

すると、新しい病気を背負ったかと不安になりはじめた疲労感が抜け、睡魔もほどほどになった。人間の自然治癒力が働いたのだろうか。

「のどもとすぎれば、熱さを忘れ」では困るので、私は自らの老化の速度や、自己管理（これが曲者）を過信しないで、これからの一日一日をいいころかげんにしないように、と自分自身に言い聞かせた。

若いころは、自己管理を面倒臭くてダラダラ怠けて何日か放っておいても、たった一日で挽回《ばんかい》した。

アメリカで留学生をやっていたとき、期末試験などで、語学力の障害ゆえ二倍も長く勉強してほとんど徹夜の後も、分厚いステーキを食べたりしてタンパク質とカロリーで補っておけば、疲れなんか後に残らなかった。

周囲の四十代が疲労を訴えていたときも、私は疲れだけは感じることなく、若いときとほとんど同じペースでやってきた。

「うそだ。ただそう錯覚してるだけよ。やせがまんじゃない？」と笑った知人がいたが、故障を抱えながらも、体力だけは私の秘《ひそ》かな自信だった。

それが、二年余の間に、こうして三冊目の老後問題の書き下ろし本に、旧態依然のエンピツ作業をしながら、ともすれば忘れがちな情報と自分の書きたいことや、頼るべきメモの存在もあやふやになって、体力と頭の回転の限界を疑いたくなるときもある。

同年代の農家のSさんのように、畑仕事をこなしているような人は違うであろうが、私ときたら歩くこと以外、運動らしい運動はせず、現在のように書くのに追われているときは、マンションの七階から非常階段を一階まで降りて、ゴミを捨てたり、郵便物を取ってくるのが唯一《ゆいいつ》の運動になることがある。

七階まで階段を昇ることも何度かやったが、太股《ふともも》と膝《ひざ》と心臓がそれぞれの不服信号を出すのでやめている。もう少し暇ができて、体重が減って、体の調整ができた後で復活させようと考えたりしている。言いわけがましいこと。

夜、散歩に出る予定にしていたら、郵便局で出会った年金生活者の高木さん（仮名）が、危ない体験談と称する話をしてくれた。

「あんた、夜の一人歩きは大ケガの元だよ。治安は毎日変わってるんだ。やめとき」

奥さんに先立たれた高木さんは、七十歳の誕生日にいつもの夜の散歩に出た。この土地に生まれ育って、真夜中でもなんでも外出して不安になったことは一度もなかった。

だが、その日ぶつかったのは若い者が二人。ずっとストーカーのように後方についてきたのがわかったので、足早に歩いてどうにか振り切ろうとしたが、ついに両脇《りょうわき》にぴったりついてきてすごんだ。

「おじいちゃん、金を貸してくれよ」

「今、ポケットに入ってんのは、百円玉二コと……」

まじめにズボンのポケットに手を突っ込む。

「なめるんじゃねえ。あんたの家へ行こう。タンス預金がざっくざくだろ」

「家へ帰っても、米代しかねえ」

気だけは強い高木さんだったが、頭の中はお金をめぐる年寄りの殺傷事件の数々がぐるぐるかけめぐり、やや被害妄想ぎみになる。

「それで、どうしたんですか」

私は早く話のクライマックスを聞かせてもらいたくて、高木さんをせかした。ナイフでも突きつけられて、ついに家まで押しかけてきて……などと想像も高まった。

結局、恐怖でコチコチになっていた高木さんは、家から約二〇メートル近くまで来たとき、折りから帰宅途中の近所の会社員が急ぎ足で近づいてくるのに気づいた。彼は一瞬の気転で、話したこともない会社員にいきなり声をかけた。

「ああ、今お帰りですか」

二人の恐かつ男は足早に姿を消し、高木さんは無事家に帰ることができた。

ところが、それ以来高木さんは夕暮れが近づくと、もう外出するのがこわくて、カギをかけて家の中にじっとしているという。昼間の外出にもその男たちに気づかれないよう、帽子とサングラスをかけないと家を出られないそうだ。

楽しみにしていた夜の散歩ができなくなり、昼もやむを得ない買い物以外外出しなくなったので、運動不足でしようがない、とこぼしていた。

運動嫌いや、色々な理由で運動ができない人々は、一日二十五回の深呼吸と、一日一回三分間片足で立つことと、太らないで血行に効く食事療法以外に、何ができるのかを考えてみた。

中高年になると、自然に運動量が少なくなり、血のめぐりがますます悪くなる。私はきのうラジオ局へ収録に行き、往復かなり歩いた。二日分になるはずだ。今は午後六時過ぎで、まだ原稿のマス目を埋めつづけているが、一時間か一時間半ごとに立って、家事をしてきた。

同じポジションで一、二時間いると、血行が悪くなるというので、私は机兼テーブルから一五分くらい（カロリー燃焼に要する最低時間）離れ、すぐ片づけなければまずい家事からはじめるようにしている。その内容は次のようなもの。

【家事活用と運動不足を補う法】

●皿洗い（一日二回のまとめ洗い。夏は水で、時間と洗剤も節約）とキッチン整理少々。

●ベッドメイク。ベッドは低いボードに、押入れなしで行き場のない布団《ふとん》を載せたもの。敷と掛けにシーツを使い、小ざっぱり。不用布団はクッションに。

●洗濯は、朝食前にまとめ洗い。パジャマや下着は裏返して着て二日もたせる。干し方に気をつけ、アイロンかけは少なく。洗濯中、ベランダ園芸に水をやり、花がらつみをする。

これには、湯船の古い水を使うことがあるが、わざとじょうろに一杯ずつ汲《く》んでは水やりをし、また室内に戻ってきては同じ動作を繰り返し、食前のカロリー燃焼に努める。

少しでも体を動かす「楽しみ」（用事と思うとやりたくなくなる）を見つけ、自分の血のめぐり、自分の脂肪取りという、楽しい結果を生み出す行為としてやる。発想の転換で。

●その後方に控えている家事・雑用は、一日の原稿生産作業のノルマの後に回すので、頭のキレのいい夕方前に、掃除機を動かしたりする大きな家事はほとんどしない。夜はテレビを見たり、情報や資料整理などで深夜まで。

●浴室の掃除は、夜の入浴中に少しずつ片づけ、まとめて大仕事にならないようにする。ところで、中高年の浴室内事故率は最高なので気をつけたい。

周知の如《ごと》く入浴（シャワーを含む）は、毎日欠かせない好運動である。つい眠くなると、一日くらいいいや、と思いがちだが、無理をしても入っておくこと。浴室に腰の入る大きさのたらいを置き、シャワーの水受けやいざのときの軽浴槽に。背中の真ん中に手が回らない場合は、壁にせっけんをつけるか、タオルかけにタオルをかけ、背中の方を近づけて上下左右に動かす。いずれバリアフリーの浴室その他の改造も考えている。

●室内運動用器具は、お金の無駄。

広い家にたった一人で住んでいて、余っているお金の使いみちに困っているなんていうご仁なら別である。また、リハビリ用器具なら当然例外。つい広告につられて買ってしまった器具に狭い部屋を占領されていたり、最初は使っていたが、飽きちゃったとか面倒臭くなったりで物置行きになっている場合が案外多い。それなら、器具と同じことを自分の日常動作に取り入れればすむことだと思う。

●たとえば、私は約四三平方メートルの限られた1LDKマンションのスペースを拡大して使う。（狭い家は、掃除が楽でメリットもある）

拡大使用というのは、一回ですむところを何度にも分けてやること。（掃除機だけはほこりのたまる三日に一回で充分だが）

いちばんよく通うトイレへは、最大距離を何回もぐるぐる歩き回って行く。洗濯物用のバスケットを長いバルコニーの端に置いて、衣類を一つずつ持ち運んで干したり、取り込む。といったような一部の人々からは笑われそうな動作をマジに反復して、運動のチャンスを稼ぐ。座っていても別の椅子《いす》の横の支柱に足をかけ、竹踏み代わりにする。

うるさく書くが、老化は血管からという。足や手には体中に通じるツボがあるので、どこが何に効くのか忘れても全般的に押して悪いわけはないだろうと思う。

●室内を歩くときは、ツボ押しつきや、かかと無しの健康スリッパを足の状態に応じてはき分ける。手足を伸ばす《ストレッチ》運動も入れる。

●しゃがみは必ず腰から下ろしたり、重い荷物は両腕で抱え、膝をやや曲げて持ち上げたりしないと、あっと言う間にギックリ腰になる。私も似たような恐ろしい体験をしたが、ふだんやらない動作をいきなり試さないこと。これ、中高年のバクダンだ。ギックリ腰のような体が動かせなくなる体験こそ、一人暮らしの天敵。誰もいない、誰も帰ってこない環境で、意識はありながら、何時間も放置され、なによりもトイレへ行かれず、ついにトイレではない場所をトイレにしなければならなかった実体験がある。

前著に私はこの体験をくわしく記したが、七章で、こうした緊急事態に備える方法を書きまとめたい。

●ときに、照明の小けちだけは、損する。中高年の視力や、運動神経は日々衰えていて、昨日はっきり見えていたものにぶつかったり、手から落としたりして足もとにガラスなどの破片が飛び散ってケガをするからだ。

一人暮らしの照明代は安いのだから、これを節約して、ケガをしたり視力を低下させては損。電球型の蛍光灯にすると、電気代は白熱灯のときの四分の一に減る。

古い実家の長い廊下はいつも真っ暗で、私は行くたびに電気を点《つ》けていた。自分から点灯する気力も知力もなえて、暗闇《くらやみ》をよろよろトイレに行っていた母は弟夫婦と同居だった。よくケガをしなかったものだが、家の中で転び、寝たきりになるケースが多い。最大のご注意を。

●ラジオやテレビの体操の時間に一緒に体を動かすのはお勧めだが、中高年の早朝の散歩、ジョギング、体操を勧めない医師もいる。毎朝の深呼吸と濃い緑茶一口は推薦している。

●その朝の体の準備のため、私は床から起き上がる二〇分から三〇分、手足をさすったり、肩を左右に動かしたり、足首手首を宙でブラブラ動かす。体を横にゴロゴロ回転すると、脳の血流にいい。こんなことがのんきにできるのも、一人暮らしの特典である。

アメリカで主婦と母親を日々こなしていたときは、そんな朝の寝床準備運動なんか、やりたくてもできなかった。また、若いのでその必要も感じなかった。ほんとうは、二十歳ごろから細胞は減り、老化がはじまるのだから、二十代ではじめてもおかしくない。

中高年へのお勧め運動でいちばん手っ取り早いのが、歩くことなのは誰でも知っている。これは、毎日二〇分以上、いや、週三日くらいでも効果があり、時間は昼の二時過ぎ、など諸説あって、いったいどれがベストなのかはっきりしてよ、と言いたくなる。

テレビ、ラジオ、印刷物で、湯水のように健康情報が提供されている今日、同じ分野の専門家の間でも意見が分かれている。ＢＳニュースなどで外国情報も刻々入る。多数の方をとるか、自分で判断するか、都合のいい方にする他ないであろう。それと、忘れてはならないのは、科学や技術は日進月歩で、昨日の真実は今日の間違いになり得ることも覚えておき、柔軟性を保ちたい。

医療コネクション

結論から入ると、

「お医者さまに好かれる患者になるとならないとでは、病気の治され方も違ってくる」

こうズバリ申し上げると、偏見だ、と怒鳴られそう。だが、多くの著書や発言に、はっきり同じ意味のメッセージがある。私の結論は、結果的に見てのことなのをお断りしておく。

ケースワーカーのときにも同僚たちとよく話したが、人間の心理で、必要以上にうるさい、やりにくい相談者《クライアント》の扱いやケースの解決は、感じのいいクライアントと同じような気持の入れ方はできかねた。

つまり、フォローアップも今一つ突っ込めなかったり、遅くなったりしやすいのは明白だった。

人間が自らを助けられるように助ける職業が、医療や福祉関係だとすると、どんな患者や相談者にとっても公平でなければならない。

だが、そこが人間のすること。心証のよし悪《あ》しや、本能的えこひいき根性だって内蔵している。

たとえ、世界的権威者であろうと、人間には変わりない、と一応心得て、なによりも大切な自分の体の守護神となるやもしれぬ医師プラス周辺の医療関係者（看護師、レントゲン技師、血液採取者などなど）に、「できるだけ感じよくふるまうこと」が最低限の、病気・故障回復改善へのパスポートである。気分が悪いときは酷な話だが、相手はこちらの命を預かっている専門家なのだ。こちらのわからない医学的なあれやこれやの診断や治療をお願いするのであるから、菓子折や平身低頭の必要はないが、できるだけ好かれる患者になることである。せめて、医療関係者に毛嫌いされるような（精神上の問題で不可抗力なら別）態度だけは避けたい。もとより、医療ミスや、あるまじき言動が起きたなら、タンカを切るのもご自由である。尊敬すべき医師の中にも、他の職業同様にその職に不適格な人間もいるのだから。

要するに、命にかかわることだけに、医療関係者との中をスムーズにしておくに越したことはない。

どんなに故障なしで元気に生活している人でも、四十過ぎからは自ら所属する団体か地域の検診に行く診療所か、自営・自由業その他なら自ら選んだ医・病院にコネを作っておきたい。

二カ所でもいい。診察券を作ってもらい、カルテにある程度自分のデータが書き込まれてあれば、いざ緊急事態発生のとき、入院しやすいのである。たらい回しの難も避け得る。

「あたしゃあ、江戸っ子だよ。死ぬときゃあ一ぺんに行きたいね。病院なんて、病人ばかりで気色が悪くていられたもんじゃないッ」

がんこに言い切っていたTさんは、六十後半で脳溢血《のういっけつ》に襲われ、今は身内の誰一人見舞いに来ない特養の大部屋で、ほとんど一日宙を見つめている。

東京巣鴨《すがも》のお地蔵さまは、別名おばあちゃんの原宿と呼ばれて久しいが、そこで知り合った中高年女性のほとんどが言っていた。

「いつ死んでもいいから、ポックリ死にたいわ。病院や特養ホームなんかで辛《つら》い思いをしながらダラダラ生きていたくない。それだけはごめんだわ」

ごめんだわ、と主張していても、生身の中高年には次の瞬間の保障はない。私だって入院も特養行きもごめんだ。恐ろしい事件が報じられている。でも、入らなきゃならないときは入るより他ない。自殺でもしない限り。医療コネクション、と私があえて名づけたのは、中高年の日常生活には不可欠なことで、常識なのだと信じるようになったからである。

まだの人は、ここは評判がよい、便利だ、一回風邪で診てもらって、先生がタイプだとか、治療が適切だったとか色々発見しておいて、下地を作っておきたいものである。手術が必要と言われたら、よく医師と意見を交わす。うのみにしない。他の医師の意見も参考にせよと、医師自身が勧めている。

以前私は尊敬すべきお医者さまには失礼なことを、教訓として書いた。

「いざというとき、遠くの名医より近くのヤブ」

これは、緊急時にはやむを得ないが、ふだん時間が許すときは、便利なところにいる信頼できる医師を見つけておいて、自分を知っておいてもらうのが一番である。

そうすればその先生の出身大学病院へ紹介してもらえるチャンスも大きい。

これみな、医療コネクションの体系の中に入っていて、特に中高年にとって最大重要事の一つだと信じる。さらに話を聞いて下さる医師に遭遇できれば、万万歳。

自分で胃の中のポリープを発見

私の医療コネクションの本拠地の東京都心にある総合病院へ、徹底的検査に出かけたのは、二冊目の老後の本を書き上げた後だった。

私にはしつこいアレルギー鼻炎がつきまとい続けている。二年前に同じ病院の耳鼻科で、それまで別の病院で診断された蓄のう症は全然ない、という意外な朗報に接し大悦《よろこ》びしたものだった。そのときの担当のうら若い女医先生の処方薬を飲み続けるが、十四日分ずつ処方される薬を何回か繰り返して使用したが、問題の症状のたんのように濃い鼻水がのどの方にたれる不快感は、妥協できるまでにも治癒しなかった。なにしろ往復三時間半はかかり、交通費は一回千百余円。さながら高級ホテルの観がある、緑の観葉植物で飾られた待合室はフカフカのじゅうたんと椅子の超近代病院だ。帰りの請求書も、近所に林立する豪華処方箋《しょほうせん》薬局の一つでの薬品代も、ともにそうでない条件の場所よりお高い。そのうち書く方が忙しくなり、（まあ、アレルギーの原因が同じエアコンなどから出るカンジダカビやダニと再確認し、蓄のう症ではないとわかっただけでいいじゃないか）と、再び自家療法で切りぬけることにした。

エアコンをかける時期に悪化する症状を、漢方の常備薬、増量のビタミンC、鼻のつけ根を「ウ、ウ、ウ」と言いながらつまむ（ちなみにたんが胸に絡《から》んだときは「オ、オ、オ」と声を出しながらてのひらで胸部を叩《たた》く）などの自家療法を適宜に試して、例のだましだましの手を使う。医者の薬より効くことが多い。

思えばアメリカからUターンしてやっと見つけた、新築の賃貸ワンルーム・マンションでの生活から、このやっかいなアレルギー鼻炎の症状が出はじめたのだった。冷房時より暖房をかけているときの方が悪化しやすく、毎冬百日咳《ぜき》のように咳づいて、ぜんそく状態から何度か呼吸困難になる。それがほとんどいつも週末に起きるのだった。現在なら知っている応急手当の知識に欠け、必要以上に自分の肉体を苦しめてしまったなあ、と今にしてくやしい。

大学まで出ていて、なぜそれくらいの自己防衛術を知らなかったのか。ほんとうに、人間というのは五十代後半から六十代前半にかけ、やっと自らの健康や、老後のことをもっと真剣に考えるようになるものだと感じた。

それに関して、私が文通している熊本のすてきな読者で、「ふれあい友だち」（熊本の講演会から私はこのアイディアを提唱するようになった）の一人も書いて下さった。

「五十六になって退社したとたん、死・老い・病気のことが急に目前に立ちはだかった」と、それまで人ごとに思っていたことを述懐している。

もっと若い時分から、たとえば五十代に入るころから考えておいていいような間近なことのようで、人はつい日常のことに浸り、追われて、そう先々まで思いが及ばないまま時計の針を見過ごしてしまう。

とにかくその症状ゆえに何度内科医にかけ込んだか。どの医師も風邪とか気管支炎と診断し、鼻に関係のあることとは一切言わなかった。

耳鼻科医へ行くことにしたのは、私の判断だった。が、医師は不衛生な、鼻に蒸気をかける器具を毎日差し込み、鼻水と咳を止める薬を出すだけで、原因をはっきり説明してくれない。

(あのぜんそくの原因は、新築マンションの壁紙の接着剤から拡散したホルムアルデヒドだった!?)

やがて壁紙のはがれ目から紫色をしたカビが見えはじめた。それでも私はそのマンションに十年余住んだ。危険な毒物と知らずに。

大学病院でアレルギーの血液検査を受けるまで、何年もむだにした。それこそヤブという表現に合ったり、不適切な治療を進めてやまない医師たちに振り回され続ける。

その間、人には体の弱みを見せたくない性分の私は、無数の夜を、言うに言われぬ息苦しさに耐えながら一睡もしないで朝を迎えた。一人暮らしの孤立無援を痛感しつつ。

ある夜は、たんが切れず、のどに指を突っ込み突っ込み、立ったままでいた。疲労困憊《こんぱい》し体は眠りたいのだが、少しでも横になろうものなら、咳とたんで呼吸ができなくなるのを恐れたからだった。

深夜、あまりの辛さと不安に、区の緊急医療二十四時間相談室に電話したら、「夜が明けたら、なるべく早く近くの病院へ行くより他ないでしょう」と言われた。

救急車のことは一言もなかった。もとより、私自身もなんとかそうしないですんだらと（両脚を骨折したときも、ギックリ腰になったときも、私は救急車だけはなんとか呼ばずにと、へんな見栄《みえ》をはったのだった）考えてはいたが……。

だが、後に咳やたんを切る応急手当は、窓を開けて換気をし、冷水を少しずつ時間をかけてたくさん飲むこと。また、頸《けい》動脈を冷やし、腹式呼吸と軽い体操をして、たんを出すようにすること（ただし、吸い込むのはできても、吐くことができないとき腹式呼吸はかえって逆効果。ハーハーと吐くだけにする）と知った。

最後の処置は、テレビの医師の勧めで、最近実験してはっきり効果がわかったもの。

もちろん、より効く薬があれば、それを必要に応じて服用すればいいわけだが、日ごろの鍛錬と、用心と、住まいの環境整備が大切なことを学んだのは、数年前に現在のマンションに移ってからであった。

医療相談係は、なぜ一言「水を飲め、換気をせよ」とだけでも教えてくれなかったのだろうか。

だから、私たちは自分しか頼りにならない、と判断せざるを得なくなるのだ。

持病や弱点に対して、情報をきちんと整理しておいても、中高年になると忘れっぽくなり、ましてや、緊急にそれらを想《おも》い出して実行に移さなくてはならないときに、予想以上に慌《あわ》ててしまう。たとえしっかり紙に書いてあっても、その紙やノートなりが見つからない、という事態が起き得る。背中を叩いてくれる人も側《そば》にいない。

こうして、十数年に及ぶ持病と共存するうち、また新たな心配が湧《わ》いてきた。

(もしかして、たんが胸につかえる症状が出てきたのは、肺結核にでもなったのでは)

私は重い足を病院へ向けることに決めた。咳づくことはなくなっていたが、のどに絡みついて、冷水でも紅茶でも容易に切り離せないたんが、ときどきゲップのようにかけ上ってくる。最近、特に老人ホームなどで肺結核がはやっているという。

（アレルギー以外のもっと深刻な病気だったらどうしよう——）

このときの新・病院体験で、私は医療コネクションの項で力説した持論を、変更しなければ、人間はやってられない、と確信したのであった。

つまり、「お医者さまに好かれる患者になるような言動をしつつも、全面的おまかせコースは取らないこと」。

医学情報誌を精読し、身近に置いて必要のたびに参照したり、テレビやラジオから流れる貴重な情報をメモしておいて実行に移したところで、ズブの素人《しろうと》が習得できる知識は限られている。しかし、自分のことをいちばん肌で感じ、わかっているのは自分自身しかいないのだ。医学知識に富んでいる医師の方ではない。

もとより、基本的に、かかっている医師の医学力と、希《ねが》わくば人への気遣いのある人物であることを信じたいことには変わりがないが。

九七年の秋、『散骨代とお駄賃を残しておきます』（主婦と生活社）を書き下ろした後、アレルギー以外の病気の発生を案じ、同じ病院でかつてやったことのない種類の検査を受けた際、「自分こそ最高の医療管理人」と百パーセント確信したのであった。

「お医者さまにおまかせでは、もはや順調に寿命を全うできない」

ある程度寿命というものがあるなら、できればその前に死なないですみたい。ましてや死亡の原因が、医療上のミスとか、医師の知識や人間性不足などだったら、やりきれない。

さて、この病原追跡の経過をかいつまんで書くとしよう。

まず耳鼻科へ行ったが、五カ月以上来てなかったことで、また三千数百円を別に払わされる。(九七年十月から、病院では、紹介状がないときは三千余円必要となった)医療費が高くなり、医者に診てもらうのをがまんしている中高年たちがいるほど。女医先生は辞めていて、若めの感じのいい男の先生を振り当てられる。

新しい担当医もまた、蓄のう症ではないと診断、アレルギー・テストも同じ結果になる。

いつもたんが絡むような感じだった左の鼻の方が、右より狭いことを教えてくれた初めての先生だった。そういう身近な知識は、患者にとってはありがたく嬉《うれ》しいものなのである。生まれつきか年のせいかわからないという。すると、今まで診てもらった多数の耳鼻科医は、その特徴を見ても、患者の私に告げるに足りないこととして無視したのだろうか。

私は、今度の先生が好きになった。信頼がわく。

(なんだ、鼻の穴が狭いから、よけい鼻水がたまって濃くなり、外側に出てこないで食道の方へダラダラ行っちゃったんだわ。それに私は子宮摘出手術以来、自律神経失調症だから、多分ダラダラを止める機能が不能になってるってわけネ）

私は例によって、勝手に自己診断をして悦に入った。アレルギーだけが原因とは言うが、

（でも、念のため内科へ行って胸の病気がないかどうか調べてもらわなくちゃ）

この超快適な病院の内科は、一階の玄関脇《わき》の外来内科で、溢《あふ》れんばかりの患者を大ざるでふるいにかけるシステムであった。内科の患者がいちばん多いので、みんなが一斉に上階の色々に分類された内科に殺到しないようにするためのようである。

大学の付属病院ではないので、学生のインターンが代わりばんこに診るということがなく、私の好みに合っているわけだった。振り当てられた内科医は、若くて男前で優しいときた。

（これで腕がよかったら、申し分ないわ）

当然、耳鼻科医に内科の故障があるか診察してもらうことを前もって話してあった。私は胸の他に、ずっと以前C・Tスキャンで調べた胆石の現状を再検査してもらう必要も感じていた。皮下脂肪のせいか、やけに下腹部が張りぎみだった。夕食に油物を避け、魚を食べ、納豆を欠かさずにきたせいか、胆石の鈍痛はそのころコントロール

されてはいたが、十年以上前に発見されたまま、石が暴れだしたことはめったになかった。

それ以前内科の診察を受けた医院や病院では、初診の際体重、血圧、脈拍、胸部や腹部の触診が含まれていた。

が、この医師は、胸に軽く聴診器を当てただけ。レントゲン、血液検査、エコーなどの検査の結果が出るたびに戻り、肺の病気はなく、胆石は依然ある、といった診断を聞く。

依然としてある胆石については今後どうするべきなのか知りたかったが、医師は何も言及しない。意味不明な微笑《ほほえ》みのみだった。思いあまって、こちらからお伺いする。

「それでは先生、今まで通り食事やストレスに気をつけていって痛みが起きないようでしたら、手術はしなくていいということでしょうか？」

「そうですね」

「……………」

（それじゃ、このダラダラ続いてやまないたんは、もしかして食道や胃の故障で起きているのかもしれない）

その不安をもらしたところ、こういう優しい男性が夫だったらいいなあと思えた先生は、間を取ってうなった。

「……うむ……」

（マンガの一コマを仕上げてんじゃないんだから、もう少し医学的なお言葉を頂きたいのよ）

瞬間、一週間前に会ったばかりの「患者仲間」の男性の一言が浮かんできた。

その中高年の人は、勤務中の会社から何時間かの休みをとって、この病院に通っていた。都心の有名病院なので、同じようなケースが多い。話がはずんだ相手の男性は、ぐちっぽくなく淡々と事実を指摘する紳士だったので、私は自然と信じることができた。

「あのですネ。この病院の先生は、こちらから、これこれの検査を受けないでもいいんですか、と念を押さないと、何も勧めませんからね。こっちは胃が痛いと言っているのに、局部にも触らないで、胃カメラのイの字も口にしないんだから、まったく……」

（そうだ、胃カメラだ――）

私は先生にお伺いを立てた。

「胃カメラ？」

私としてはやりたくなかった。先生にはっきり、「その必要はないですよ」と言われれば、ほっとしてやめたはず。むしろ、そう言ってほしかったのだ。なにしろ、胃カメラが入ったとたん、たんが絡んで呼吸困難になりそうでならなかったから。

先生はまた優しく、私の申し出に同意し、胃カメラ科に予約を取ってくれた。この科は大繁盛《はんじょう》。予約はだいぶ先の日になる。その間、私は緊張の糸をピンピンさせ、

(なにも自分からこわい検査を申し出なくともよかったじゃないの。お前さんも、お医者さまが嫌がるうるさい患者に成り下がったじゃないか)

などと思ったりして、いっそキャンセルしようか、とさえ考えてもみた。

(肺は大丈夫と言われたんだから、なにも好き好んで、先生が勧めもしない胃カメラを飲まなくたって)

いつも親切な従妹《いとこ》に電話して聞いてみたら、今のはよくできているから安心して、と心強い答えが返ってきた。彼女の存在は貴重だ。

人々は私を、しっかりしていて強い、と言ったりするが、ほんとうはどうして、あしようか、こうしようか、とけっこう逡巡《しゅんじゅん》する。でも一人暮らしがこう長くなると、すべてのことは自分のカンと、そのときまでに得られた情報で決断しなければならな

い習性が身についてしまう。

かくして、前夜の九時から翌朝の十一時半まで、飲まず食わずにしておいたわが胃の中に、最新カメラを飲むこととあいなった。

たんがのどに絡んでやまない人が、のどあめはもとより、水も飲めないとあっては病院まで電車に揺られていく間にも、息ができなくなるような羽目になるのでは、と心配したが、どうにか検査室で渡された白い液（カメラがスムーズに入るよう）を流し込むまでもって、やれやれする。

左側を下にして横になるように、言われた。私は観念して強く目をつぶった。目のすぐ上に、小さなテレビのようなものがあって、これに私の体の現実が映っているに違いない。恐れていたような苦痛はなかった。

すぐ、検査医の声がした。

「わ、か、い」

なんのことかわからない。

「目を開けて見てごらんなさい。のども胃もピンクだ。二十代の若さだねえ。驚いた」

思いがけない先生の声に、私はまだ半信半疑で片目だけ開ける。確かに、のども、胃の中も、十二指腸も、つるつるしたピンク一色で、しみやニキビなし。

「珍しいね、こんなに若いのは——」

先生があまり同じことを言われるので、私はやっとそれがよいことを意味するとわかり、もう一つの目も開けて見詰めた。

(たんの原因が、かねて心配していたのどのガンなんかじゃなかったんだ。ああ、よかった)

先生の若いの連発に少々酔いかけていた私は、先生まで外見にとらわれて肝心なことを見逃したりされては困る、という例の虫が知らせ、言葉を出しにくいのどの奥から、「ほんとうに大丈夫なんですね?」と叫んだ。

もちろん先生にははっきりしなくても、ただ私の目がメッセージを伝えたのか、三十代後半の先生は、「じゃあ、もう一度見せてあげよう」と、カメラで内壁をこするように動かしていった。突然、動きが止まる。

「おや、ここにポリープがあるぞ」

もう一度胃壁の検査をしたお陰で、直径一センチほどのツブが画面に映し出された。瞬間、先生の声が変わった。

いきなり、あんたの体の内側は二十代の若さだ、などと言われて舞い上がったものの、ポリープの発見には、私自身が多少貢献していたとはっきり自負できる状況があったのだ。

ポリープの大きさや状態から、今は心配なく、この種のものはよくあり得る、という先生の見解であった。たんは鼻水だとも指摘してくれた。

「三センチ以上になったら、内側または外側から手術しなくてはならない。一年に一度この検査を続けるように」

その後、私の食事はいっそうしいたけのようなガン予防の食品が多くなり、ストレスになる条件を除去することに集中しているのは言うまでもない。仕事でも、損を知りながら重すぎるストレスの元は絶った。

今回の検査では、大・小腸や頭部を調べてもらっていないし、脈や血圧すら測っていないのだから、まだ他にどこか悪いところがあるのかもしれない。

この書き下ろしの準備に入ったりして、他の検査は別の時期にということになった。

人間ドックに入り、「どこも悪くない」と保証されたJさん（七十三歳）は、五日後に心臓麻痺《まひ》で急逝した。

毎年初夏に、市から無料の健康診査通知書が届くが、いつも長丁場の仕事とぶつかり、活用できずにいる。これには大腸の検査などに問題あり、と指摘する筋もあるが、医療費が高くなった現在の利用価値はよけいあるわけで、私など今年こそは、せめて血圧だけでも測ってもらいたいものだ、と思っているが。

特に、つい最近市民税・県民税通知書とほとんど同時に届いた、国民健康保険料納入通知書の数字を見て驚き、支払い分に少しでも見合うサービスを受けたいものだと激痛感。なんと年額五〇万円とは、トホホ……。前の年にちょっと印税が入ってきただけで、経費の申告下手はこういう結果になってしまうのである。

そこへもってきて、歯のブリッジの保存とクリーニングに過去八年余通っている国立病院の歯科医から、忙しいので個人経営の歯科医を紹介する、と宣言された。院内で子供の付き添いで来ていた患者が言っていた。

「ブリッジを入れ歯にしなさいと言われ、同じような紹介先へ回され、ン百万円の治療費になってしまった……」

ときには息子のように感じてきた大学病院の先生だっただけに、同じ大学の入れ歯専門科への転送というふつうの段取りを避け、外部の知人に回すという手順をたどうのみにしていいのか、決心しかねている。

はっきりしているのは、これで私の月一〇万円以内で暮らせる家計簿は赤字になり、蓄えが減るということだ。弱ったなあ。

やはり、老後の幸・不幸を決めるカギは、体の故障が少なく、あっても早めに手当てして管理に気をつけていくことであろう。

お金と、気持の持ち方と、人の情けなどがうまくかみ合えば、体の問題をよりよく解消し、故障と共生しやすくなるに違いない。

【九八年前期、アメリカで発表されたガン予防食品】

●うなぎ、一カ月一串《くし》、白焼きでも。ビタミンE、A、セレン（抗酸化物質）を含む。

●にんにく、一日一片、熱を通して。アメリカではガン予防食品の第一位に置かれ、大豆類が四位。少量の枝豆が更年期や自律神経失調症によるのぼせ、ほてりに効く。ときに、熱帯夜温度以下でも寝汗をかきやすい私は、「アイスノンソフト」の水枕《みずまくら》をタオルによく包んで枕の上にして寝る。断然安眠効果がある。扇風機やエアコン使用が除け、大いに得。頭寒足熱というくらいだし、たんにも効いて一石三鳥。

●マンダリン・オレンジ、一日一個が乳ガンに大変効果あり。

【体について知っておきたい数字】

●高血圧判定基準値
最高血圧140㎜Hg以上、最低血圧90㎜Hg以上が高血圧とされるので、要注意。
(つまり右の数字より低い方がいい)

●コレステロール(左の数字以上が要注意)
総コレステロール 220㎎/dℓ以上
LDLコレステロール(悪玉) 140以上
HDLコレステロール(善玉) 40未満
中性脂肪 150以上(太っていても少ない人がいる。私は200から150に減)

●体重は、骨格、筋肉、身長などによって違うので、特に医師に注意されず、内臓の障害がないなら、少しくらい基準を超過していても気にしない。小太り女性の方が長生きする、と言う医師が多い。

●一日200キロカロリーの運動が最低必要。
ごはん一杯分(140g)=200キロカロリーで、これを消費するには歩行40〜60分。

水泳14～34分。階段昇降30分。なわ跳び10～20分。サイクリング34～50分。速歩30～40分。

六章　おしゃれ――ボケ・老化防止の妙薬

元不美人でも、現美人になれる

老人ホームの女性入居者たちの間で、おしゃれの第一歩としてお化粧が勧められている。老人たちがきれいになり、心もすがすがしくいきいきしてくる様が、テレビの画面からも手に取るように伝わってきた。これこそ、私が講演会などで強調している美肌作りの根本にあるアイディアである。

中高年からの人生をいきいきしたものにするには、家族（ペットも）、仕事、趣味、ボランティア、体や心の触れ合いなどがあるが、ぜひ、おしゃれを加えたい。おしゃれというと、どうもセンスや人工的につけることを連想するが、まず目立つ顔と手の美肌作りが心理的な効果満点になる。

また、美しく老いる、という精神面でのそれを兼ねた表現もけっこうながら、私としては庶民的な生活術の方を取りたい。

前置きが長くなるが、中高年のきれいは美肌づくりから、と痛感したのは、東京・

秋葉原電気街でのショックからであった。

そもそも、私はキカイを食べず嫌いな女で通してきた。だが、やっと子供十人分の夫と別れて深呼吸ができるようになった生活に、マイ洗濯機、マイテレビ、マイレンジ、マイエアコンと、私自身が支払い、使用する最低限のキカイがどっと同居してくると事情は違ってきた。

「キカイに弱い方も、スイッチポンでお使いいただけます」

なあんていう宣伝文句は、ほとんどウソ。いちばんやさしいことはできても、ちょっとこんがらがったことをやろうとすれば、説明書を何度読み返したって、キカイ嫌いのオバサンにはピーンとこず、どのキカイの使用法も三分の一しか試せず宝の持ちぐされになっている。

それに、自分のふところを痛めて買った品物だけに、昔よくしたように、キカイの頭を叩《たた》いて動かすなんて原始的修理法は絶対やれない。

キカイを直すかどうか決めるべく専門修理人の出張費だけでも、最低五〇〇〇円也《なり》で、店へ持ち込めるような軽い製品の場合でも、新品に買い替えた方が安くて便利なことが多い。そうした私とキカイとの関係から、大手の購買後処理能力を信じて、都心から遠くへ引っ越した後も秋葉原の同じ店を利用してきたわけである。

もちろん、病・医院、役所などの関係者たちと同じく、行きつけの店で自分を覚えてもらい、少しでも親切にしてくれる特定の人を作るようにしていた。人は、頼りにされたり、持ち上げられて、嫌な思いはしない。オーバーにならずに、サラサラ感覚で粘着すればよい。同じお金で、より密なサービスを受けられる。予想外の例外ケースも起きるが。

たいして余裕のない（いや、ときにはピーピーしている）中高年一人暮らしの当事者たちは、ともすれば、「安かろう、悪かろう」に引っかかりやすいが、他の用事を兼ね、高くつく交通費を出しても、「おなじみさん」の威力を実績のある事業者の世間体や責任能力にかけるより他ない。

長い不況が続く中で、その店がつぶれない限り、派手な買い物はしなくても、継続して来てくれる客にこそサービスして当然。とばかりにたかをくくりながら、私はお茶の水の大学病院の歯科の帰りを利用して、秋葉原へ向かった。

『たった一人、老後を生きる』の印税が入金され、「売れてますよ」という最高のお言葉を耳に、私の胸は金色にパッパしていた。（今日こそ、片方の目で巨人戦を見ながら、他の番組も見られる、あの横幅の広いでっかいテレビを買ってやろう）

リストラ家計でやってきたので、その店にもだいぶ行っていなかった。一年前に安い部品を買いに寄っただけである。

その日、私はスーパーで買ったバーゲン・ブラウスにしては高く見える、しゃれた感じの濃いめのピンクのものを着ていた。内心、自分が若々しく映っている自信があった。いちばん好きな色で、人からもよく似合うと言われてきたピンクだ。胸の線もくっきり。

自分の本まであげて友好的な関係を保とうとしている若い歯科医にも、これから買い物をしようとしているセールスマンにも、おもねるつもりはないが、まあ、好感度の高い方のおばさんに感じて、よりよきサービスを提供してもらえることを念じていた。二年ほど前のできごとである。

上階のテレビ販売部へ入るや、以前も自分の姿を発見してほくそ笑んだ、客の姿が映るテレビ画像が目に飛び込んできた。

私は思わず声を上げそうになる。だって、私と同じブラウスを着た女の人が映っていたからである。過去に、アメリカでも経験したことがあったが、自分と同じ洋服を着た人と鉢合わせし、バツが悪くて見なかったふりをして、急ぎ足でその場を離れたりしたことが何回かあった。

相手が自分より劣性の肉体条件や年齢だったりすると、よけいがっくりくる。

店内のどこにカメラが設置されているのかわかりかねたが、その画面の女は、私より顔、特に目の下のたるみが目立った年配の人だっただけに、

(いいおばあちゃんが、あんな若作りの派手なブラウスを着て、なによ――)

私の中の女心が、本性をむき出しにしていた。

後方をふり返って、私は女の姿を探す。見つからない。それもそのはずだった。

(ト、ホホホ)

若作りのおばあちゃんは、なんと私自身だったのだ。信じてもらえないかもしれないが、ほんとうに起きたことで、今でもこのときの驚きは生々しい。

それより一年前に同じテレビに映った自分は、あんな目の下のたるみや、あごの線が崩れていなかった。画面の自分に満足できた。家で毎日何度も鏡を見ていながら、うぬぼれ鏡だったというわけである。

(とにかく、このおばあちゃんこそ、この私なのだ。やっぱり、中高年になると、五倍速で年を取るんだなあ――)

前の本に書いた理論を、自ら証明してしまったのである。テレビ・ショック事件以後、私はしばしばしょげかえっていた。

よく口では、「私みたいなおばあちゃんでも……云々《うんぬん》」と、わざと本音と違うこと

を冗談っぽく言ってきた。生まれ落ちてこの方、自らのスッピンをビジンなどとはゆめゆめ思ってもみなかったが、お化粧をすれば、肌と目は十人並み以上とか考えたりして。（うぬぼれもいいかげんにしろ）

それがいつの間にか、ヘンなおばあちゃんに取って替わられてしまったとは……。

（年を重ねるということは、こういうことなんだよ。現実を受け入れなさい。今さら美容整形って年でもなし。だいいち、高いお金を払って誰に見せるのさ。恋人やそれなりに評価してくれる夫がいるわけでもなし、明日をも知れない命なのに）

よくひどいショックのため、一夜にしてまっ黒な髪がまっ白になった人の例を見聞きしてきた。

（私がこう急に変貌《へんぼう》した心身の原因は、単なる老化なのだろうか？）

なんでも原因を探し、解決法を見出《みいだ》さずにはいられないたちで、私は足りなくなる一方の記憶の糸をたぐり、思いめぐらし、分析にかかる。

（欲求不満、男性ホルモン不足だな？　それとも、プラトニックで五十年も知り合ってきて、後年恋人でも親友でもない仲になったあの人とのことがストレスになったからだろうか……）

などなど、勝手に推測を拡大してはみたものの、デコボコになった顔は、もうどうにもならない。素人《しろうと》美容術では。が、(いや、待てよ)と私は自分を制した。

以前、超美人でならした同窓生にばったり会ったら、目も当てられないしわだらけの上にブヨブヨに太っていて、相手が声をかけなければ全くわからずに終わったであろうという仰天体験をふと想《おも》い起こしたのだった。

不思議と、美形の女性は持って生まれた素材に頼りすぎ、きれいに見せようとする努力を怠りがちで、そうでない女性ほど磨きに力を入れる傾向がある? それが中高年になって、如実《にょじつ》に肌や、骨格に現れてくるように思うわけである。

鼻ぺちゃ丸顔が嫌でコンプレックスを持ってきた私だが、秋田出身の色白の父親譲りの肌は、年にしてはまだそうくすんでいないし、きめもある程度保たれていると、例によってまずうぬぼれ自己分析を。

年を重ねたら、生来の容貌・骨格ではない。顔や手の肌の状態こそ見せどころではないか。

(元不美人も、中高年美肌美人になれるぞォ)

テレビ・ショックから立ち上がり、私はマル得美顔術及びきれいになる大作戦に出た。

美顔パックとコラーゲンで自家エステ

自分がどうして急におばあちゃんに変じたかが、わかってきた。他にも原因があるとして、化粧品をけちったのが裏目に出たと結論するに至った。

私が海外でも主に使用し続けていたS社の化粧品は、給与所得と連載収入からおさらばした身分には、どうにもバカ高くて、平均月額出費が最低一万二〇〇〇円ほどになるのは小けち生活の原理に反した。

「ブランド商品だ。スタンプ二倍だ。ハワイ旅行が大当たり」

毎週のように宣伝チラシを送ってくる行きつけの店のすさまじさ。

今日こそ、負けないぞ、いちばん得な品だけ買って退散だ、と意を決してお店へ行けば、「あーら、岡田先生、ご本売れてましたわよォー」とかなんとかお愛想を言われ、いつの間にか高い新製品を買わされてしまっていた。

そうかといって、この店に私の本を買ってくれた人も、図書館で読んだという人もいない。昔の売れない書き下ろし小説本の余りを数人に上げたときにも、後でストーリーのスの字も口にしないし、「あの本、面白かったですよ」のお世辞用決まり文句なんか当然もれてこなかった。

タレント諸氏の本以外、本と無関係な人々なのである。

私という低所得者がいっしょうけんめい高い化粧品を買ってお店を肥やし（?）てあげるなんて道理に合わん、と決めた。

「世の中、持ちつ持たれつでしょうが」

そこで私はテレビ・ショック事件の約三カ月前から、同じ会社の数種ある製品のラインを上から中の下に下げて、少しでも化粧品代をカットすることを優先させていたのだった。

「安物買いの銭失い」亡《な》き母はそう言っていたが、化粧品の高いのと安いのには、化粧品メーカーの利益ばかりか、肌の利益がかかっていたことを発見した。

それでも信じられず、以後二週間余、自分の顔を実験台にする。右半分に安いのを使い続け、左半分には以前もらった高級ラインの同じ見本が残っていたのをつけて、様子を見ることにした。

私がずっと使ってきたのは、ごくふつうのクレンジングと洗顔料の後に、ソーフナーと呼ばれる柔軟性化粧水、保湿性乳液、収れん性のアストリンジェントの順でつける。この製品の前は、逆にアストリンジェントの後に乳液をつけるだけの、安上がりの下地作りを提唱する他社の製品だった。

若いときはそれでもよかったのだ。

ところが、子宮と卵巣《らんそう》を摘出されたホルモン不足の体に、三種類もの液体をゴテゴテ塗りたくって、その上から液体ファンデーションを薄く伸ばす化粧法に馴《な》れきった中高年の肌のこと。それを、六十代になっていきなり安い方に変えてしまったツケは、はっきり表皮に現れてしまったのであろう。

大げさだが、シリコンで張りとふくらみを支えられていた乳房に針を入れ、すーっと中身を抜きかけて、慌《あわ》てて止めたようなものと言えるのかもしれない。

三カ月と二週間の実験は、さんざんであった。しゃくだが、化粧品メーカーの勝ちである。今では三種類のうち、乳液とアストリンジェントを一緒にした製品もあるが、二種類でも私の予算外の買い物であることに変わりはない。

年金プラス不安定低所得で生きている私としては、切りつめられるだけ切りつめても、健康と生きがいのため、食べ物と化粧品代はけちらない、と決めた。テレビの医師が、中高年は紫外線防止に厚化粧くらいでいいと断言していた。

もちろん、両方ともぜいたくは財布の敵だ。化粧品に関しては、いちばん肌や化粧映えに響く（と自分で感じる）最初につけるソーフナーだけは高い方を使い、後はできるだけ見本を逆さにはたいたり、しぼり出したりして、手持ちの中級品の寿命を延ばすようにしている。

そして、基礎化粧品以外の製品は買わないようにし、自然物の恩恵を活用することに。まず、安くて栄養に富んだ卵の黄身と白身を、必要に応じて分けたり、ミックスしたりして顔や手足のパックにつける。

一時コレステロールやサルモネラ菌を心配された卵だが、新鮮なのを必ず洗って使えば、完全タンパク質で骨によく、善玉作用もある捨てがたい食品である。ガン予防になり、記憶力増進のコリンが多くてアルツハイマー型の痴呆《ちほう》を防ぐ。一個十五円前後のかわいい卵こそ、食べてよし、つけてよしのすぐれものなのである。（鶏卵業者とは無関係です）

卵パックは昔からやっていたが、いちいち卵を割って、小麦粉を少々混ぜるのは面倒で、ついつい便利な人工美顔製品を買い、卵はあまり使わなくなっていた。それが、人生のこの期《ご》に至って、節約と自然重視に返った今、同じ卵パックをより簡単にやる方法を考えつく。

もともと、白身は肌の張りやしわ伸ばしによく、黄身はつやとうるおいによい。昔のように小麦粉をつなぎに混ぜてつけなくとも、洗顔後マッサージをし、乳液をつけた上に、白身・黄身別々に、または一緒につけて十分足らずでカサカサになったのを、ぬるま湯で洗い流すだけ。

講演で、いきいき人生の知恵としてのこの卵パックのお話をすると、必ず多くの方々の反響があって、具体的にもっと知りたいとおっしゃる。

なにかと物臭になってきた私の最新式パック法は、日常食べる卵を割った後、殻の内側にくっついている白身を指にとって、瞼《まぶた》の下と口の両端（余れば手の甲）につける。週二、三回のことで、仕事にかかりながら思い出した時分に洗い流して、乳液とアストリンジェントをはたいておく。どちらか一つでもいい。

この簡単パックに加え、黄身（ないしは白身も）パックをするのは、お風呂《ふろ》上がりに顔を剃《そ》り、外側にやさしく曲線を描くマッサージを三分し、乳液をつけてから。週に一回、就寝前、日中掃除機を動かしながら、テレビを見ながら（ただし笑えない）やる。

どうしても卵を避けたい人は、後記の別のパックを乞《こう》ご参照。

ところで、顔にカミソリを当てるのは、私が毛深いからではない。昔美顔（エステとは言わなかった）に行った美容室で、必ずマッサージ前に顔剃りがあり、それが肌にも血行にもいいということであったからだ。翌日のお化粧ののりがよくなること、一二〇パーセント保証。

手を大事にするため、水仕事、庭いじりなどの大敵に保湿用クリームや手袋は忘れない。また化粧水やクリームの余り、オレンジやりんごの皮など、むだなく首、手、腕に、軽く叩《たた》くように伸ばしておく。

中高年の美肌づくりは、言うまでもなく生来のきめのこまかさがあれば助かるが、親からもらった好条件も、三大生活習慣病（ガン、心臓病、脳卒中）同様、「ライフ・スタイル、つまり生活習慣」と「環境」が、それぞれ二〇パーセントの影響を及ぼす。

「生活習慣」の最たるものは食事で、次は睡眠とケアの仕方にかかっている。食事も、年とともに料理が面倒臭くなってくるから、ビタミン剤の補給は欠かせず、今アメリカでは大流行。

栄養士やまめな料理好きでもなければ、厚生省が推薦するような、一日三十品目のメニューを、一人暮らしのテーブルになかなか載せられるもんじゃない。

やっても、三日坊主《ぼうず》で終わる。私みたいな人間は、「美味《おい》しいよ」なんて側《そば》で言ってくれる人がいれば、腕まくりしてがんばっちゃうけど。

特に、美肌に直接関係のある、ビタミンEとCに、身体《からだ》を作るいちばん大切な材料のタンパク質をよくとること。中でも、「みるみる若返るコラーゲン」が、新マル得美肌ヘルパーである。

つまり、米、パン、糖質食品を炭水化物というのに対して、肉、魚、豆類をタンパク質と呼び、それに脂肪が加わって、栄養素の元になるのは周知のことだが、そのタンパク質の一種類がコラーゲンなのである。同じタンパク質でも、細胞の中にいるものと、外に出て細胞と細胞のつなぎと支え役をするものがある。後者がコラーゲンだ。たとえば、丈夫な骨を作るには、カルシウムやリンが不可欠。が、丈夫で硬い上に、しなやかでなければ、色々な動作に耐えられる骨にはならない。新陳代謝促進に、より重要な働きをするコラーゲンは骨をしなやかにし、床ずれを防ぎ、美肌、育毛、老化防止に最高。

ところが、コラーゲンというのは、人が無視したり、捨てることが多かった骨、軟骨、内臓、腱《けん》、皮などにこそたっぷり入っていて、つい最近まで、価値の低いタンパク質だと信じられてきたのが、日進月歩の科学の力でにわかに脚光を浴びるようになったのだ。

コラーゲン化粧品も出回っているが、今のところ、その効果ははっきり証明されるに至っていない。やはり、飲んだり食べたりすることで、確実にわがものにすることができる。

【コラーゲンが豊富な食品】

●まず「丸ごと食べる」ことを覚えておきたい。魚も肉も、皮ごと骨ごと煮込んだものをスープごと飲食する。

●それに、効果抜群の仲間、ビタミンCの食品をお忘れなく。

●かれい、ひらめ、さめなどの煮魚や煮こごり。

●骨つきのスペアリブ。豚骨スープ。鶏《とり》の手羽先（蒸して脱脂し、皮ごと食べる）、鶏ガラ。

●ただし、牛や豚のサーロインやヒレ肉にはほとんどなく、大豆タンパクなど植物性食品には、コラーゲンが全く入っていない。（ところで、大豆には血をサラサラにしたりする効果があって、食事に不可欠なことは別記の通り）

【一人暮らしに便利で、安上がりのコラーゲン】

●いわしのかん詰。骨つき鮭《さけ》かん。ウインナソーセージ（皮の部分）。

●超マル得は、100g一五〇円足らずのゼラチン・パウダー。ゼリーを固めるゼラチンこそ、コラーゲンそのものなのである。

即使えるゼラチン・パウダーを、お茶、紅茶、ミルク、コーヒー、ジュースなどに一さじ入れて飲めば、いとも簡単。私にはとてもいい舌触りに思える。

●炊飯器に、一さじのコラーゲンを入れてスタートすれば、つやのいいコラーゲンごはんができ上がる。

現在のところ、一日どのくらいの量のコラーゲンをとれば効果がある、といった基準データははっきりしていないが、市販のコラーゲン錠剤や飲料は、商業用に一定量を指定している。マル得生活術なら、前記のコラーゲンの多いタンパク質食品を、炭水化物、ビタミン含有の食品と、各三分の一ずつの割合で、三食のうちの一食に入れたい。後の二食（または一食とスナック）は、コラーゲンを気にしないなんらかのタンパク質とビタミンを含んだ食事ということにしては。

あまりコラーゲンばかり気にしていると（他の栄養価も大切なので）神経を使いすぎて逆効果。なにごともこれ同じなり。

お金が少なく、体のガタと時間が多いのが、定年退職年齢前後の私たち。

ひとつ、図書館などを利用して、時間とどうにかしなくちゃの意気をフル稼動《かどう》させ、美肌、視力回復、育毛、便秘、骨作り（みなコラーゲンがお得意とするところ）などの改善にじっくり対処してみては、いかがでしょう。

体の改善は、つまりは心の明るさにつながり、一石二鳥になる。


【卵やコラーゲンの他にも多々あるパック】

- 米ぬかパック↓シミ、シワに
- ヨーグルトパック↓透き通る肌再生に
- アロエパック↓きめこまかな素肌に
- 牛乳パック↓肌に元気とうるおいを
- ヨモギ粉末パック↓目の下のくすみに
- ハトムギパック↓あらゆるトラブルに

このように色々の効果的パックがあるので、ぜひ『肌と髪の悩みを解消する一〇〇のコツ』（主婦の友社）をお勧めしたい。パック以外の重要な美容情報が、伝統の調査力と誠実な手法で盛りだくさん。同社の月刊誌「健康」とともに、私自身手離せない参考書になっている。

美肌の作り方を総括すると、起きぬけの水一杯か二杯、洗顔（朝と就寝前に、洗顔剤を泡立て、顔の外側に軽くマッサージする方法で）、朝食に重点を置いたコラーゲン、ビタミンC・Eを含むバランスよい食事、パック、日常の運動（直射日光を避け）、睡眠がカギである。

また、美肌はなにも女性専科ではない。

男性も肌を大切にし、身ぎれいにしていれば、配偶者その他から心地よい視線が投げかけられ、なにより自分自身が嬉《うれ》しいのではなかろうか。

一人暮らしの中高年男性に身ぎれいにしてほしいと希《ねが》うのは、女性の場合よりもむずかしいこと。女は、子供のころからおしゃれに馴れているし、本能的なものもあるから。

「男性の皆さん、鏡をよく見ることからはじめて下さい。あなたはもっと魅力的になれますわよ。宝の持ち腐れはもったいないです」

ダイエットと薄毛改善に成功

幼稚園のときから英語を教えてきた小学六年生の女の子と、体重の話を英語ではじめた。

「お母さんはスケール（体重計）にいつ乗るの？」

「乗らない」

「あら、スケールがないのかしら」

「ううん、あるの。新しいのが」

「せっかく買ったのに、測ってみないの？」

「お母さんは乗るのがこわいんだって。増えてるのが心配で」

「まあ――」

私は思わず笑った。

お母さんの心理がよくわかるからだった。

「でも、あなたやお父さんは平気でスケールに乗れるんでしょ」

「……でも、お母さんがスケールを秘密の場所にかくしちゃったのよ」

私は再び笑ってしまった。生徒の母親は新式のスケールを買ったのはいいが、体脂肪やなにか、プライベートな内容があまりにはっきり表沙汰《ざた》になるのにビビってしまい、家族にも使わせずに新品のキカイを誰知らぬ場所へ押し込んで、「体重計とは一切関係ありません」のふりをしているというのだ。

実は、私にも新品のヘルスメーターがありながら、一度も電池を入れて使ってみていないのである。もう少しやせてから、早朝にトイレをすませ、パンツ一枚はかずにスケールに乗ってみようと考えてきた。

その瞬間の数字が自己満足の範囲内であったなら、定期的にスケールを使うつもりでいるが、はてさていかがなるや。

そういう事情があるので、私は同じ仲間を見つけて笑ってしまったのだが、そのお母さんは私の娘くらいの年の、なかなかスタイルのいい美人なのである。しかも、家族にも使わせないという心理がオモシロイと思った。

人間、特に老若を問わず、女の人とダイエットのいきさつは日・米の国境なく微笑《ほほえ》ましいものがある。

アメリカで約十年ほどケースワーカーをしている間、何百人に及ぶ州の社会福祉局の職員やクライアント（相談者）と接触したが、誰一人として、「私はダイエットなんかしてないわ」と言い切った女性はいなかった。

ドラムかんのような未婚の母の相談者が、

「食べるものがないから、局からもっとたくさんフード・スタンプス（現金同様に食品を買える券）を出してよ！」と私に怒鳴る一方で、

「ミセス・オカダ、どうしてそうほっそりしてるのよ。（私は生涯ほっそりなんかしたことはない）いいダイエット知らない？」

と言っていたのを想《おも》い出す。日本人の二、三倍の量を食べる平均的アメリカ人は、胸もお尻《しり》もどんと大きいが、腹部の出っぱりもハンパじゃない。生活保護受給者もサイズは同じ。

日本人では大きい方だと思う私を見て、リトル・ガールと呼ぶ人がよくいた。二十六年ほどの在米生活で、私の体も、アメリカン・コレステロールを要らない箇所にボテテくっつけてしまい、ダイエットという言葉は日常関心事となる。

私の同僚のケースワーカーたちの多くは、福祉の仕事からのプレッシャーから逃れ

るため、ランチにビールやカクテルを飲み、ときにはトイレへ入って大麻のようなドラッグをやっていた。そして、中華やイタリアン料理をたっぷり食べながら、口々に言ったものだった。

「来週の月曜日から、ダイエットよ」

かくして、月曜日が再来し、ダイエットがまた繰り延べになり、クルクル空回りしながら世紀も変わろうとしているわけである。

まず、気休めに申し上げるが、「中高年、特に女性が小太りなのは、やせているよりいい。長生きする」と、私は何度も医療関係者たちから聞いている。もちろん都合がいいので信じている。

身長一六〇センチ、体重五七キロ（ほんとうは六〇キロ）、しかも三年前に測っただけで、前記のように体重計恐怖アレルギーになった。私の肉体の重さを推し測る方法は、古いスカートや、ウエストラインのしまったブラウスなどを着てみること。ボタンがはじけなければ、「ああ、まだ大丈夫」と勝手に安心して、体重計にそっぽを向いてきた。

それ以前、私は六六キロあったのだ。

「あなた、太ったんじゃない」

と久しぶりに会った友人にすぐ言われ、内心はなんて不粋な人、と思った。私には相手のことをそう感じても口には出せない。

五十代後半の脂肪のつきやすいときに、連載の執筆や英語の翻訳や調べ物などで、ワンルーム・マンションに座りっきりの時間が延々と続いた。子供英会話教室や取材に外出することがあっても、体を動かさない時間の方が断然長くなっていたのだった。ダイエットには色々の方法があり、私も薬を含めて数種やってみたが、次にいちばんやりやすくて、効く方法をご披露したい。

1 食事――一日三食必ず食べる。朝食はいちばん一日の元気と脳の働きの源になるので、できるだけバランスのいい食品をしっかり食べる。油もの、肉類はこのときに。昼食は、やや軽めか、スナック程度。私は後者だけ。バナナ、ふかし芋、ミルクなどが主なもので、チーズや残り物も。夕食は、中国の諺《ことわざ》にあるように、人に上げてもいいくらい、寝ている間に中性脂肪になりやすいので、お腹《なか》が空《す》いて眠れないことがない程度に。でも、ごはん好きの私は必ず小茶わん山盛り一杯と魚と野菜を食べる。ごはんが食べられないダイエットなら、やらない方がいいと思っている。

体によくない好物は少なめに。できれば水分は食後二時間後に（アメリカの医師の勧め）。間食は避ける。食べる前に、運動か体を動かす作業をする。（以前私は食べたものを燃焼させるため、すぐ動きはじめていたが、医師は逆だと教えてくれた）

仕事のある人は別だが、食後三〇分は胃や肝臓を休めること。

食品で、必ず食べるのは納豆。しょう油をかけると塩分過多でごはんをもっと食べてしまうので、そのまま、五〇グラムのパック半分ずつくらいを朝夕口に入れ、違和感などない。安いのに納豆は血流をよくし、カルシウムを作る手助けをし、空腹感を満たしてくれるので、私のダイエットの重要メンバーだ。キャベツ、わかめ、こんにゃくもいいし、緑茶を飲んでコレステロールを燃やす。

2 運動——歩くこと。週三回、一回は速め歩きを三〇分以上。外出できないときは、家の中で、一ぺんですむ用事（洗濯物干しやとり込みなど）を何回にも分け、エネルギー消費のための「むだ働き」をして、ダイエット用の得点を稼ぐ。

食事や運動のことは、別の章で、別の目的も兼ねて書いてあるので、繰り返しの部分があることをお断りしておく。

かくして、私は五カ月で六キロやせた。また戻らないように、ゆっくり時間をかけて減量した。あと五キロ、いや七キロ減らせば理想的なのであろうが、体重計ともご縁を絶って（その間増えているんじゃないか、って？）、健康管理と食事だけは人一倍気をつかってやっている。

アメリカの友人で、ダイエットに凝り、結果健康とご主人を失って、五十代で亡《な》くなってしまった女性がいる。ショックだった。それを想うと、「小太りで、ハッピーのどこが悪いのよ」と言いたくなるのだ。五〇〇〇円ほどで新しい体重計を買いながら、朝晩その上に乗って一喜一憂するダイエット神経戦を避けてきたが、ついに今日測ったら五七キロだった。やったあ。

薄毛は、母方の遺伝体質によるようだ。身内の若い人でもその兆候の見える者がいる。

でも、体質的に父似の私は髪の毛があり余った少女だった。

それが五十年後の美容室で、シャンプーをしてもらって鏡を見た私の頭にハゲが光っていたのだ。家では気がつかなかったのに。

（驚きました、ほんとうに）

子宮摘出開腹手術でなんの罪も害もない二つの卵巣《らんそう》まで、ついでだからと切り取られて以来、女性ホルモンのバランスが崩れ、自律神経失調症で悩み続けている。アメリカの優しい婦人科医の〝お陰〟であった。

今では、毛の薄い女性でも心配のない、しゃれたウイッグやヘア・ピースなど人工的に頭部につけ、竜巻でもなければわからない製品が出ている。注文だとウン十万円もするそうだ。

私もついに頭頂だけを豊かにすべく、人造毛の部分かつらを、バーゲンの約三万円で買った。静電気が起きて肌によくないが、人毛だとさらに三万円は高いと聞いてあきらめた。

これをたまに使うことはあるが、私はシャンプー後、卵黄やアロエ（たまに塩）を地肌に塗り込み、まだ濡《ぬ》れている間湯船につかりながら頭部をマッサージしている。毛が生えてきている。かつらなしで平気になってきた。シャンプーは毎日だと中高年の皮脂を取りすぎる。週三回、パックは一、二回というところ。

同時に、髪にいいコラーゲンを摂《と》るため、簡単安価ないわしかんの中身を補給することを忘れないでいる。

K子さんは五十代を終わろうとしているが、おしゃれウイッグに頼りすぎ、かえって脱毛が激しくなって、私に困ったと訴えてきた。

私のやっている方法を実行してみたら、三カ月後に見違えるようになる。ウイッグは手離せないでいるが、髪の健康に留意するようになり、夫婦生活にも自然にいい影響が……と言っていた。

(いわしのせいかしら。ご主人にも食べさせたということ? まさか、アメリカで爆発的人気のあの薬のせいでは……)

【お金のかからないワンポイントおしゃれ】

●肩パッドの入ったジャケットやブレザーを着ると、中高年男女のよけいな出っぱりが目立たなくなる。肩パッドは今の流行から外されたが、外国のおしゃれ女性たちが推薦。

●口紅は全体を薄めの色で塗り、必ず濃いめの色で、筆を使って縁取りすると、くっきりいきいきとし、たるみがちな肌を引きしめる。仕上げにティッシュで押さえ、歯についていないことを確認。

私は筆を使わず、長年ただくるくる塗っていたが、こうするようになって、唇の映え方が全然違うと気づいた。口紅は底まで使う。

●目ばりや少々のマスカラも口紅と同じで、顔をくっきり立体化する。充血した目には眼科医でチェックしてもらった上で、目薬で涼しく健康色を保ちたい。瞼《まぶた》の上には、中高年のくすみや暗くなりがちの表情に活気を与えるため、淡いピンクのアイシャドーが最適。いかにもつけたと言わんばかりの青だの白だのは、中高年のふだん化粧には向かない。頬紅も効果あり。

●また、目が悪くなって、眉《まゆ》や唇からはみ出した描き方の人がいる。余分の虫メガネをお化粧をする場所に置くか、首にかけられる老眼鏡などを用意しておくのが便利。

ふつうの照明の下でお化粧をしても、どこかむらのあるところが出やすいので、仕上げに、できれば前面から自然採光のととのった場所へ、鏡とともに出て再点検を。必ず何か気づくはずである。むしろお化粧の前の素顔を明るい場所で直視して、内臓の故障をそれとなく察知することからはじめたい。

何度も言うように、中高年からの一日一日は、若いときの五倍速で老いに向かっている感じなので、ときどきチェックを入れる必要がある。素肌は睡眠中だけで充分である。

女は恋をすると、きれいになる。が、それは相手のいることなので、少しでもきれいに見せようとして気をつかい、工夫する過程とその成果の悦《よろこ》びこそ、老化やボケ防止に大いに役立つと信じる。

七章

「いざ」のとき——命はこの瞬間しかない

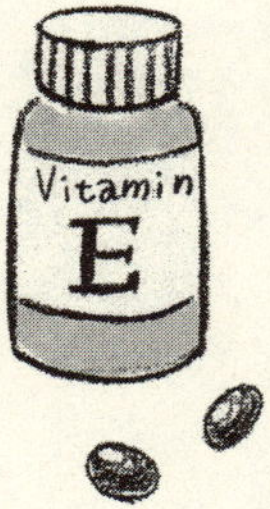

自分の家を忘れてしまった

今年（九八年）から、私の古い財布の袋《ポケット》に新たに加えられた便箋《びんせん》大の紙切れがある。最寄駅周辺から、私のマンションまでの地図なのだ。同じ紙には、私の名前、住所、電話番号も書きつけてある。

急性痴呆《ちほう》症やその他の急病・事故に襲われないという保証は、どこにもないからだ。現に、知人の話によると、まだ六十代の彼女の友人が外出中にすごい頭痛に襲われ、思わず道端に腰を下ろして耐えていたのはいいが、その後、家へ帰りかけて、まったく帰り道が思い出せない。何時間かして、だんなが同じ道を帰宅し、呆然《ぼうぜん》としている妻を発見して、すぐ救急病院へ運んだという。幸い、その女性に夫がいて、たまたま暗くならないうちに、同じ道を歩いて帰ってきたからよかった。

一人暮らしの私だったら、どうなっていたことかと、心配になってきた。以前から、一人暮らしでボケてきたら、という難問に、私はどうしたものかと思いめぐらしてきた。実際に、これは一人で生活する中高年、特に女性（男性よりボケになる率が高い、と言われるので）にとっては、最大の心配事の一つではないだろうか。

実は私自身が、今もって不可思議な原因で、一昨年から昨年のはじめにかけて、ボケではないかと真剣に心配した症状に見舞われたのだった。

それは、六十五回目の誕生日に起きた事件の後からはじまった。その日、私は近所の眼科からの帰りに、朝夕の通勤人口が途絶え、ほとんど人影のない通りを歩いていた。途中で、いかにもトイレへ行きたそうに脚をすりすりしている高齢の女性を見かける。思わず、声をかけると、

「う、う、う」

と応《こた》えた。緊急トイレに間違いなかった。

茶褐色のしわだらけの顔の老女の腕を抱え、私は右手の公園の木陰に入れた。雑木林のような場所を、つい最近、木を切り倒して造園し、広い土地の一角にブランコを設置したばかりだった。公園といっても、公衆トイレや水洗い場はまだできていなかった。

私はしゃがんで用を足している老女の前に楯《たて》になって立ち、人が来なければいいがとキョロキョロする。

（このおばあちゃんは散歩中だったのかしら。手提げも何も持たないで）

ティッシュを取り出し、私は彼女の方へかがみ込む。

次の瞬間、老女はうんこをつかむや私の顔に投げつけてきたのだ。ティッシュは彼女に上げてあったので、私は慌《あわ》てて手で汚物をぬぐい取ろうとして、かえって顔中に被害を広げてしまった。逃げ出す私の背に、老女は怒鳴り続ける。

「チカ、チカ」

五分先に私のマンションがあったが、車の往来とやや人通りが増える道路を、カバンで顔を隠すようにして小走りに急いだが、なんと長く感じられたことだろう。やっとの思いで着いたわがマンションの七階まで、私はエレベーターに乗って、同乗者がいたり、室内に臭気をまき散らしては悪いと、非常階段を昇りはじめた。

これがトラブルを大きくした。階段の途中で心臓麻痺《まひ》になるかと恐れたほど息が苦しくなり、必死の思いでわが家に戻った。

風呂場《ふろば》での洗浄は、想像以上のものがあった。他人の汚物だからか、病気でもしていたのか、数回洗顔し、シャンプーもし、クリームもつけ、香水を吹きかけても、昔の汲《く》みとり式便器の中のような臭気がまとわりついて離れないのである。あのときほど、一人暮らしで助かったことはない。夫とか同居人でもいたら、百年の恋も一時にさめてしまったことだろう。

少し落ち着いて、老女の叫び声の意味がはっきりしてくる。「チカ、チカ」というのは痴漢だったのだ。ボケてきて被害妄想ぎみになっていたのであろう。

驚いたのは、翌朝、明るい光線の下で鏡に映った自分の顔が、こげ茶色に見えたことである。まるで汚物の色がこびりついたように、ふだんの白めの肌色は消え失《う》せていた。

（急に目までおかしくなってきたのか……）

その体験のショックは、私に改めて、一人暮らしでボケてきたらどうしようという不安の解消法を迫ってきた。

テレビや人の話で、私はよく徘徊《はいかい》などの目にある痴呆症状の人々のことを見聞きするたびに、介護する人々に同情してきたが、自分自身が目撃者になった衝撃は深く、やりきれない気持になる。

思えば、亡《な》くなった両親は子供孝行だった。周囲の者たちに老人介護の苦労をさせることなく、遠慮するように大往生したのだから。

私も日ごろから、両親のように死ねたら、と希《ねが》っている。人さまに迷惑をかけずに、たとえお世話になっても長い期間ではないように希っているが、両親と違い、私は直系の身内とは絶縁状態なので、介護事情は超厳しい。

血縁の有無にかかわらず、お世話になった方には、すぐ自由に使える多めの現金を、わかりやすい場所に置いてある。お駄賃を含めて。

その辺の「いざ」のときには手当ができていても、そもそも一人暮らしの自分がボケてきたかどうか、誰が、どうやって発見し、どのような処置を進んで実行してくれるのだろうか？

「一緒に住んでいる身内の人が、あなたがボケてきたことに気づいて、専門医に連れていくことからはじめるのです」などと、医師たちは勧める。

「一人で食べるごはんほどまずいものはありません。家族揃《そろ》って仲よく食べてこそ実になるのです」と平気でおっしゃるのと同じで、世の中には一人暮らしの老若男女が無数にいるのをお忘れの発言が目立つ。大多数は孤食《ひとり》でも美味《おい》しいはずだ。

二〇〇一年十月の推計では、日本全国の六十五歳以上の人口は、約二二八七万人。一人暮らしは三〇〇万人に近い。一年に一五〇万人も、六十代に突入している。

一人暮らしのうち何人が、日常身内や友人との接触があるのだろう。

私のように、たまに連絡し合い、気持が通じ和む相手はいても、ふだんは、たった一人暮らしの中高年たちが意外に多いのではないだろうか。

近隣の人々の目にあまる言動や生活の乱れが重なってきて、はじめて自己管理のできないボケ（ないしは他の病気や不能状態）の人として、民生委員とか市の福祉課への伝達と介入がはじまるのであろう。

老人の孤独死や餓死のニュースに、私たちは哀れみを感じながらも、すぐ忘れ去っていく。そうしたニュースや社会現象に、私は去年よりもっと敏感に、そして、来年はさらに切実な思いで考えさせられていくであろう。

人は、自分が年を取り、体が不自由になりはじめて老後という時期があることを実感するのだ。私自身、二年前に老後の本を書くまで、まだ老後や老人のことが真から理解できるわけではない。六十代に入っても、いや書いた後も、わかっていないことがたくさんあって、その差に驚いているくらいなのだから。

痴呆症には、ほぼ三段階があると、専門家は説く。

初期――昔の想《おも》い出《で》は比較的はっきりとしているが、今やり終わったことが想い出せなくなる。やったこと自体を覚えていなくなり、それを取りつくろって色々言い訳をするようになる。

中期――見当識障害が見えはじめ、人物、季節、時間、場所の見当がつかなくなる。

昔のことはほとんど想い出せず、日常よく使用する道具の名前すら口にできなくなる。失禁や徘徊症状が出てくるにもかかわらず、言葉はふつうに話せるので、一見ボケている人には見えないという特徴もある。

末期――失禁や徘徊が悪化、ついには寝たきりにもなる。「脳血管性痴呆」と「アルツハイマー型痴呆」の二つのタイプのうちの後者なら、発病から二～三年か、七～八年で亡くなる。

この分類でいくと、私の症状は充分初期に該当した。

1LDKのわが家で、アレを取りに行って、その場に着いてもアレがなんだったかが想い出せない忘れっぽさは、ふだんなら出発点へ戻れば、「ああ、アレだったじゃない」で記憶がよみがえる。それが、今回はアレの正体がわからずじまいなのだ。血行障害のある私は、ついに脳にまできたかと恐れた。おちおちしていられず、私は自分の物忘れ度を記録に残すべく、カレンダーに正……の形でつけてみたら、なんと最高一日十一回にもなってしまった。

（オイ、オイ、いいかげんにしなよ。まだ本気でボケちゃいられないんだから。一人暮らしでボケてきた場合の準備ができていないんだ。十年先だったら、仕方がないかもしれないけど……）

昔から私と同居しているオッチョコチョイ度も負けていなかった。

歯みがき粉をつけ、歯ブラシを動かしはじめて、ペッと吐き出した。化粧台を見下ろしたら、黄色いチューブ入りの痔《じ》薬が置いてあるではないか。情けないことに、痔薬をどうしてそこに出しておいたのか、一分前のことが想い出せないのだ。

その他、薬やビタミン剤を今しがた飲んだのも忘れがちになる。トーストの上に、バターのつもりで味噌《みそ》を塗っていたり、洗濯機に余っているお湯を足して、洗剤を溶かそうと、ヤカンの横にあった鳥ガラスープの方を注ぎ込んでしまったり。メチャクチャだった。

こうして誕生日事件のショックに端を発し、久しぶりに出した本の売れ行きの心配や、五十年も交際のあった男友達との突然の別れなどが、交互に作用して、私をヘンにしてしまったのだろうか。

あるいは、そうしたストレスからくる、「隠れ脳梗塞《のうこうそく》」だったのかもしれない。後日テレビ出演の医師が、この症状が起きてボケみたいになってもまた自然に改善されて機能するときがあると明言、その可能性も考えた。とにかく、私は痴呆症の本を読んだり、調べたりして、おととしの冬は人知れず闘った。

今や、脳血管性よりアルツハイマー病による痴呆の方が多くなっていて、今後増えると予測される。七十五歳を過ぎるとアルツハイマー病にかかる人が急増し、一説には八十五歳では四人に一人に増えるというからこわい。私が七十五歳までの最後の引っ越しを考えたのも、それが理由であった。

それではどんな対処法が？

「アルツハイマーのごく初期の兆候は、星のまたたきのように微妙である。努力して発見し、薬物療法を行えば、病気の進行を遅らせたり、止めたりできる可能性がある」

というのが専門家の意見。ただし、「異常を発見できるのは、ふだんから身近にいる家族だけである」とおっしゃるのだ。

それじゃあ、一人暮らしはどうすりゃあいいんです。教えて下さい。

一人で治すボケと失語症

一人暮らしでボケてきて、何よりこわいのは、火の始末である。自らの生死にかかわるのみか、奇行や不衛生で近所に迷惑をかけるのと違って、延焼を起こす危険をはらんでいるからだ。

ところが、ボケ症状にあわてふためき、（しっかりしろ、信子！　ガンになってもボケるな）とマジに自らを叱咤《しった》激励している最中に、こんなことが起きた。

これも老化の傾向だろうが、それまでより昔のことが懐《なつ》かしくなって、ついつい想い出にふけっていると、いきなりキッチンの煙警報器がピ、ピ、ピーときた。

（あ――）

フライパンの空炊《だ》きだ。すごい煙。私はがなり立てるキカイの周辺の煙を雑誌ではたき散らし、窓という窓を開放しに走る。最初からついていたキッチンのファンの他に、トイレのファンも動かして煙を出そうとしたら、なんとこれがつきっ放しではないか。

この前トイレへ行ったのは二時間くらい前だから、ずっとオンにしてあったのだ。

（天ぷらの油だったら、取り返しのつかないことになっていたかも……しょうがないな、まったく）

自分で自分が情けなく、じゅうたんの床にべったり腰を下ろして、しばし考え込んでしまう。ところが、同じことが三度連発。ボケという奴《やつ》は、一人暮らしには向かない。危険千万だ。

過去にも、芸能人たちが一人暮らし故《ゆえ》に、のどに食べ物を詰まらせたり、ガスの火が衣類に燃え移り、火だるまになって死亡したケースなどが報じられたが、全国でさまざまな一人暮らしの事故死が起きている。誰かが一緒にいたら、当然食い止められたであろう事故が、激痛の大けがや、のたうち回る惨死《ざんし》に転じる恐ろしさ。それに、危険なボケが合体したら……想像するだにぞっとする。

道理で、資力のある人や利口な人は、こうした危険や不安に備え、早めに家族と同居したり、中高年同士でグループ・ホームを作ったり、あるいは有料老人ホームやマンションなどの施設に入るわけである。

医師曰《いわ》く、二十歳から細胞が死滅しはじめ、「ボケは四十代からはじまる」というのだから、これから七十に向かう一年、いや一カ月一カ月がどんな危険をはらんでいるか、推して知るべしである。

脳血管性痴呆《ちほう》は、血管の病気が治れば症状は快《よ》くなるという。アルツハイマーの方は不治の病のように言われてきたが、医・科学の研究は日進月歩。すでにビタミンEの効果がアメリカから報じられている。

その他、タバコを吸う人は、二倍アルツハイマーにかかりやすい、ともわかった。

タバコは肺ガンの原因にもなることだし、せいぜい禁煙し、余計なストレスを避け、日々小さくていいから〝予定〟を持った生活を送れば、ボケ予防になる。

私がかかった「ボケ症状」は、極度に緊張する事態が同時に起こったことに対する反応だ、と偶然相談した友人が言ってくれた。

「長期の本の書き下ろし作業がやっと終わり、約十三年ぶりに出した本の売れ行きを心配し、五十年間の男友達と別れた……とあっては誰しも生活の不整脈が現れるのが当然。たぶん集中力の疲労でしょ」

元老人医療カウンセラーをしていたアメリカ人の、このツルの一声と、自著『たった一人、老後を生きる』が売れているというニュースに接し、気分が明るくなったことや、勝手なボケ退治法のせいか、元へ戻ってきた。

もとより物忘れはまだある。昔からつきまとう漢字を忘れるくせ（?）など諸々《もろもろ》も。

この自分でも情けない二カ月ほどのジレンマを経て、私は次のような物忘れと失語症の自家療法（変更と補足はあるが）を一応考えた。

【自分でやれるボケ・老化防止と進行抑制法】

●まず、自分自身のことを知り、改善すべき点を柔軟に受け入れること。五十代に入ると、強い人はより強く、弱い人はよりかたくなになりがちのようである。性格は変えにくいが、丸く柔らかになってこそ年の功と言えるだろう。えてして女性は強くなる。男女の根本的な違いかもしれない。それにそうならざるを得ない生活条件があるからであろう。たとえば、夫や同居人が非現実的すぎるからとかで。

●まじめで協調性がなく、几帳面《きちょうめん》で神経質な、生きがいは仕事だけというような性格だと、ボケやすい。

●反対に、明るく人好きで、創造力と自立心があり、異性への関心や打ち込むものを持つ人が、ボケにくい。

●自己診断の後、一人暮らしないしは一人ぼっち（誰かと同居していて）の立場を自ら哀れむのはやめる。

●ボケは、しばしばうつ症状から起きる。特に、うつ病が治ってきたとき、自殺を試みたりする例があるので要注意。

●日本では、六十五歳以上の人の自殺が多い。アメリカでは、どの年齢層でも、家族団らんの習慣のあるクリスマスを迎える十二月が多い。独居即孤独ではない。独りで生活できることは、自由を好む人には嬉《うれ》しいことなのだ。「一人暮らしの人は、すべての行動を自分単位でするからボケにくい」と、現にテレビ出演回数の多い医師が最新情報として発表している。

具体的な日常ボケ防止術

私のボケ的症状がすっかり消え失《う》せたのは、友人のアドバイスによる考え方の転換と、四章に書いたようなガン予防、血のめぐりによい食品を意図的に食べたことにもよるのかもしれない。物忘れに効く葉酸が多いバナナやほうれん草も加えた。

主な予定は机の横のカレンダーに記してあるし、重要な覚え書きは目の前に並んでいる。だが、物忘れに対処するために、よく勧める人がいるが、いちいち行動をメモるのは性分に合わない。なぜなら、物書きの必要な作業以外の文字書きを、少しでも

カットしたいからである。(後日知ったことだが、やはり物忘れにはメモることが大切)

そこで、私は用事を思い立つと、声に出してみることにした。一人で一日誰とも口をきかずに過ごすことがある生活なので、いわば失語症のような状態を緩和する助けにもなる。

ちなみに、一人暮らしの人が時折独り言を言うのはちっともおかしくなく、むしろよいことと、専門家が明言している。

たとえば、「今日はふだんの洗濯物があまりないから、排ガスで汚れた、表通りに面したカーテンを洗ってやろう」とか、ふつうの会話に目的と理由をはっきり入れて口に出してみる。

ただ、「カーテン、洗う」とだけ言っても、自分の意図を反復して記憶に入力する目的は達成できるのだが、なにごとも一石二鳥以上でやりたい私の心情としては、「何を、なぜ、どうやって、やるか」を言葉にまとめる小さな努力が頭の運動になり、会話のチャンスになるのだと信じる。

さらに、今やったばかりのことが想い出せない事態に対し、「朝食後の総合ビタミンを飲む」と言って、実際に飲んでから、「総合ビタミンは、飲んだ」と、必ず行動完了の過去形を使う。こうしておくと、ほとんど忘れることはないとわかった。くだらないことのようだが、試した知人たちもよく効く、と言っていた。

なにせ、わらをもつかみたい素人《しろうと》のボケ・老化退治の暗中模索中のこと。読者も、ご自分の体験や知恵・工夫で独自の撃退法を書かれてみてはいかがであろう。それ自体が老化防止の一助になると思う。

今さら、ボケや老化のことなんか書いてもはじまらないとお思いの方は、日記、たまの日記、自分史、川柳、マンガ、スケッチ、ラブレターなどお好きなものを。

〝失語症〟対策には、家の中で一人でボソボソ言ったり、テレビやラジオでけしからんことを言う人に怒鳴り返すだけでは、辛気臭いので、ペットや鉢植えに声をかけ、鼻歌やカラオケをやり、声を上げて新聞や本を読む他に、他人に声をかけている。たとえば、私の七階のマンションにいながら発声の機会があるのは、宅配、郵便、検針、セールスと勧誘、マンション管理・清掃、それに同じマンションの人々である。

外出すれば、ばったり出会う子供連れの母親、美しい花壇を作っている女主人、信号待ちの小・中・高校生、図書館員、スーパーのレジ係など、こちらから嫌らしくない程度に、積極的に声をかけてみることにしている。必ず、誰かと一言、二言は交わせる。

悪いけど、日本人の多くは見知らぬ人に声をかけない。それだけに、こちらからって出るより他ない。サービス業が手をこまねいてお客の来るのを待つ時代は、とうに終わった。まして21世紀を迎えて、人情が薄れ、バラバラになりがちな人間の〝電子化〟時代。他人とのふれあいも、サービス業同様の「行け行けどんどん」式前進あるのみだ。

最初は、へんなおばさん、と言いたげににらまれても、こちらのスマイルが本物とわかってもらえれば、ウーとかスーとかくらいは返ってきて、やがて会話になることがほとんどである。

最近は週一回、一時間もラジオ日本で好き勝手なトークをさせてもらっているので、口も心も満たされている。ほんとうに私の拾う神様に感謝してやまない。

ボケには、まだら症状があるので、再発を恐れてはいたが、あれから一年半たった。

最後に、再び、中高年の敵、ボケと老化防止・進行抑制に絶対効くのは、実は、「ビタミンE」なのを身をもって実験したことをお伝えしたい。これこそ私の秘密兵器だったのだ。

ビタミンE含有の食物はとりきれないし、年とともにどれにAやCやEがよけい入っていたか忘れたり、いちいち気にしているのもわずらわしくなる。また、Cなどは熱や水に弱い。

アメリカからの情報では、最近とみに、栄養バランスのよい食事に加えて、ビタミン剤の摂取が強調されている。特に、ビタミンEは熱や水に冒されにくく、いくらとっても副作用のない、効果抜群の再春ビタミンとして。

実は、私は三十代の前半からEをとり続けていたのだった。アメリカ人たちの間でのビタミン剤補強の「信仰」は、ずっと以前から著しかった。私もこれに乗った。Eの効用に惚《ほ》れ込み、美人としては生まれなかったけど、誰もが年を取り、しわやたるみを増やすとき、私はせめて年より若い肌で勝負しよう、と自らに誓った（？）。エステや整形などに頼らずに。

このことは書かずにおこう、と思っていたのに、今私というなんでもホンネで表現せざるを得なくなる女の性質が勝手に出しゃばってきてしまった。

決してうぬぼれで言っているのではなく、写真のサイズと光線によっては、もうこまできたかとがっくりくるほど、しわも凹凸も見えるようになってはいるが、七十年ほど前に生まれたにしては、肌だけはがんばっている、とまあこう自負している次第。

体の前後に脂肪がつきすぎている。目も昔のように丸くない。まつ毛と髪の毛が細く薄くなるばかり。老醜へまっしぐらの予感。それでも、ビタミンEを飲み続けた肌だけは、戸籍の年齢をごまかしてくれる?

その証拠が、胃カメラで私の体内を診《み》た医師の「二十代の若さだ」の発言になったのでは……。

実は、ボケに似た症状が出ていた二カ月間以前に、ビタミンEが切れたのと、生活費がきつくなってきていたことから、総合ビタミンに多少入っているのをいいことに、ビタミンEを別口に飲むのを中止していた。後日になってそのことに気づいた。

それがある程度響いたかどうかは、もとよりなにも言えないが、やがてE剤(150IU・国際単位)を一日一粒とるようになる。継続は力なのだ。

最近やっと時間が取れて、以前からよく買い物をしてきた東京・有楽町の、アメリカ系ドラッグ・ストアに立ち寄り、400IUのEを買った。これしか見当たらなかったのだ。

年を取ってきたから、多めに飲んでもいいだろう。九〇粒で三六〇〇円。一粒四〇円、好物の豆大福の三分の一の値段である。

現在まだ三十代の方は、すぐビタミンEを夕食後(夜、体は造られ、調整されるので)に一粒ずつ飲まれたし。美肌がお好きなら。

五十代、六十代、七十代、八十代の方も、ちっとも遅くはない。Eは、とてもE《イー》ことをするのであるから、それなりの効果があり、遅すぎることなど絶対にない。

信じない方は、胃カメラを持って私に会いにいらして下さい。なお、EはCによって力が増す。夕食ごとにCを含んだ食品をとっておいて、最後にEの栄養剤を飲む。

何ごとも、一石二鳥以上でなければ、マル得の意味がない。

どうする緊急事態!!

思わぬパニックが襲った。

原因は、便秘だった。すいかは快便に貢献するなどと書こうとしていた矢先である。予定が重なり、外出や人間関係からの緊張で、三日ほどばたばたと過ぎてしまい、気がついたときには、大便が小さなダンゴ状になっていた。

ここまでは、過去珍しいことではなかった。私は、快便時期が長くて安心していても、緊張や不安なことがあれば、どんなに繊維質食品を大量に食べていても、それこそ信じられない速さで固くなる傾向がある。

正直なところ、私は自分の体質を知っているようで、知らなかったのである。もちろん私は便秘を起こさない食事をし、特に、プルーン、こんにゃく、ひじきなどかなりの数の〝お掃除食品〟をちゃんと、しっかり食べていた。

ところが、運動が足りないのと、水分の補給が間に合わなかったのだろう。さらに、意識以上に神経を使い、体内の水分を枯渇させる体質なのもわかってきた。ずっと、漢方の便秘薬で成果を上げていたのが、今回は全然効かず、あっと言う間に、なんと初めて小水が出なくなってしまったのだ。

当時は、ラジオの早朝番組に出演する以外の曜日にも同じ番組を聴かなければ、と深夜一時半ごろ眠って、朝四時前に目をさます習慣に変わり（二度寝はするようにしているものの）、番組開始の六月から慢性睡眠不足になっていた。

それにこの本の書き下ろしの追い込みが重なり、前にも触れたが、日中何回もうとうとしながら原稿用紙を埋めては、後で気に入らないで消したりして、作業に二倍の時間がかかっている感じになっていた。

大・小ともに、出したいのに出ないという状態が、午後から夜中まで続いた。どうして小水が止まったのか、医学的にはわからなかったが、コロコロになった便が重なり合ってソコに詰まっていて、指を入れても最初のが邪魔をしてどうにもならないこと関係があるような気はした。浣腸《かんちょう》は置いてなかった。(ずっと以前夫が入れてくれたことがあった)もう医者へ行くのも遅いが、痛いほど膨張した膀胱《ぼうこう》をこのままにしていたら、危険なんじゃないか。

「どうしよう——」

思えば、前に触れたように、私は『たった一人、老後を生きる』を書いている最中も、ギックリ腰ならぬ脚の急性症状で朝から約一日立てず歩けずになって、布団《ふとん》をトイレにしなければならない羽目になったことがあった。一人で呼吸困難になったときも慌《あわ》てふためいたが、二回にわたる下半身不能の緊急事態には、それぞれ慌てて、この場をしのぐにはどうすればいいのか夢中で思いめぐらした。要するに、緊急事態に馴《な》れきれないのである。

今回は電話のある場所まで自由に動けたのだから、誰かにアドバイスを求めて電話をするくらいできたであろう。だが、私の悪いクセで、今までのところ何が起きても、救急車は最後の最後にし、まず一人だけで処置しようともがくのだ。いつか、こうして死んでいくのかもしれない。

世の中には、私のような一人暮らしの人もいるであろう。何人もの人が、そのときのパニック状態や心理を、他の人に一言も伝えられずにこの世を去っていった。誰かの力を借りていたら、命が助かったかもしれないのに。

その日の真夜中、私はもう限界がきたのを察した。近所にも救急車の人にも迷惑をかけずに、一人で歩いて救急病院へ行くより他ないと思った。

(その前に、慌てて必要以上に汗をかいたし、下の方の処理だから……)

と簡単にシャワーを浴びるつもりだったが、あまり力んだため痔《じ》が痛むので、四日目の浴槽の水を急いで焚《た》いて入浴することにした。

お風呂《ふろ》に浸《つか》った私の体に、急激な変化が起きた。リラックスした局部が、「もう一度試してごらん」と促しはじめたのだ。けれど浴室を出てトイレまで行くと、ソコがまた閉じてしまいそうなのだ。

(エーイッ、自分の風呂場をどう使おうと)

私は下水溝にしゃがみ、祈るように最高圧のシャワーの先を局部に当てた——。

これは、私がかつて子宮開腹全摘手術でアメリカの病院に入院した折、看護婦が私の便通を促進するため、トイレの脇《わき》の蛇口の水をシャー、シャー、と出していたことをふと想《おも》い出したからだった。

やっと、少量が。そして、後にトイレではほとんど平常に。私がリラックスしたのに応じてか、大の方も明け方前にある程度出ていってくれた。一晩中苦しんだあげく偶然自家治療したわけだが、後に、テレビで医師が、同じ症状が起き得ることと、同じ処置法について語っていた。

第一の学習は、人はどんなに年より若く見えるとか、元気だとかいっても、ある中高年の年齢から（個人差はあっても）は、体は着実に年を取っていくことを念頭に、いざというときのために備えなければならないこと。私自身の場合には、一年前までの処置法どころか、昨日までこれで大丈夫と信じていた生活術にさえ、あぐらをかくわけにはいかない、ということをしみじみと痛感した。

幼稚園のときから、私の英会話教室に通ってきてくれた綾子ちゃんが、突然お父さんの転勤で北海道へ引っ越すことになった。英会話と基礎英語力とも、私が十数年間に教えたたくさんの子供たちのトップの一人で、二人でよく笑いころげたものだった。それほどユーモアのわかる子だった。

この天才英語少女が、あるとき母方のおじいちゃん（私より少し年上の）が、旅行中脳卒中で倒れて、家族中が動転している話をもたらした。おじいちゃんは日ごろ元気な方で、おばあちゃんともども娘家族と二世帯住居を新築し、長い宮仕えの苦労の果実を楽しむ日々を、大変心待ちしていた矢先だったのである。

予期せぬ突発事態に、人々の希望や人生設計は傷つけられ、大きな修正を余儀なくさせられるケースが、世間には多々ある。

幸い、おじいちゃんは一命を取り止め、リハビリに精を出し、デイケアにも悦《よろこ》んで行き、おばあちゃんもこの間精神的に休める、といった工合に、よりよい方向に回転しているらしい。長女一家が一時的に転勤しても、他にも家族が近くにいて、守られている綾子ちゃんのおじいちゃんは不幸中の幸いと言えよう。

私だったら、どうするだろう。

九八年、NHKのシルバー介護の番組を見ていて、在宅介護支援センターの所長談として、「数年前と比べると、アッと驚くほど医療と福祉が合同で、病気やケガで困っている在宅者を支援できるようになっています」という朗報を耳にして、認識を新たにさせられた。

在宅医療器具の発達も日進月歩だ。バリアフリーの住宅改造にも、収入によっては福祉課の援助を得られる。一人暮らしの緊急用電話の仕組みもある。

私の心配は、この数年間の日本の医療・福祉分野のサービス向上で、ある程度「案ずるより産むが易《やす》し」の諺《ことわざ》通りになりつつあるようである。

この本を執筆中、私は決心を固めた。今のマンションを、終《つい》の日までの最後の砦《とりで》にしていこう、と。

かと言って、必要不可欠と断定された入院や老人ホーム行きを拒否するものではない。老いても、頭は柔らかくありたい。そして、そのときに必要最低限の蓄えを持っていたい。いずれは、市で財産管理法が実施されればお願いしたいものである。その額は、21世紀という不安定極まりない将来に、たった一人の庶民が備え保持するとなると、一〇〇〇万円以上かもしれない。もとよりもっとあったほうが安心である。

加えて、自分名義の住みかを財産として確保し続けられれば、それに越したことはない。生前いざというときに世話をしてもらう代償に、子供とか誰かに間違っても名義変更してはならない。預貯金通帳、実印も渡さない。

Yさん（八十歳）も、Wさん（七十八歳）もともに、名義変更した後、ひどい扱いを受けている。Yさんなどは、それがもとで手首を切って自殺未遂事件を起こしたほどだった。

どんなに親しい仲の親子、きょうだい、友人関係でも、一旦《いったん》、金・財産・遺産相続、その他の利権が絡《から》んでくると、羊が狼《おおかみ》に豹変《ひょうへん》する事例があまりにも多すぎる。

私自身も、相続問題で嫌と言うほど、きょうだい愛の崩壊と裏切りを体験したので、哀《かな》しいかな、金銭問題で信じられるのは自分だけ、という結論を再三強調するようになった。

世話をしてもらいたかったら、相手をおだて、折々多少の金品を上げ、気分よくつきあうこと。そして、遺言書に触れ、言葉外交をする。「生前私によくしてくれた人には、私の財産を残し、せめて感謝の気持を伝えたい」などと。遺言書に、その人の名前を書く、書いた、の詳細は一言も明言していない。それでいて、この文句を聞いた人は、遺言書に指名してくれているような錯覚におちいる。それは一人生きるおじさん、おばさんの特権であり、武器である。

もとより、人間は何歳まで、大病、大ケガ、人・天災に遭わず、ボケずにいられるか、誰にも予測できない。

それだけに、少しでも体と頭が動くうちに、老後全般と緊急事態、財産管理をどうするかをよく考え、備えておかなければならない。

「自分を自分で見殺しにできますか?」

【とっさのときの応急手当】

●頭部外傷と打撲

頭の傷は、ふつう出血量が多くショックだが、できるだけ落ち着いてガーゼかタオルで傷口を押え、傷口が五ミリ以上に見えたらすぐ医療所で縫い合わせてもらうなり、専門家の手当が必要。コブや腫《は》れなどは内出血や骨の異常もあり得るので、冷やして、数日静かにして注意深く観察する。吐き気や頭痛が起きたら、すぐ病・医院で検査を。

●脚部骨折

できれば局部を固いもので包んだ上から包帯して、病院へ急行。二度脚を動かせなくなった体験から（災害にも助かる）杖《つえ》か棒を一本ご用意を。私は以前買った松葉杖を常時寝室に置き、「転ばぬ先の杖」としている。さらに、おもちゃの低いワゴンのような車輪つきのボードをバーゲンで買い、お尻《しり》を乗せて脚の力なしでトイレとドアくらいまで移動できるようにしてある。

●やけど

まず、流水で痛みがなくなるまで冷やす（衣類の上からでもよく、約三〇分）。

早く冷やすほど治りがいい。大きなやけどは、その間救急車を呼ぶ。あるいは車で病院へ。軽傷なら、やけど用塗り薬が痛みを取る。

●誤飲

中高年になると、ふつうに飲食していても気管の方へ入ってしまったり、のどにつかえて苦しむことが少なくない。一人暮らしの心配の種だ。よくかむこと。細かくしたものを食べること。何かがのどにつかえると、パニックの方が先になって最悪の事態を招くことがある。私もそれに近い体験が何回もある。私はたんの誤飲でこわい思いをしやすい。のどに食べ物がつかえたときは後方からみぞおちに腕を回して締める（が、一人でこれに似た行為ができるだろうか）。または指を突っ込む。

●食中毒

医師の診察、食べ物を冷蔵庫に保管する、というステップが必要。その間、または応急手当をしなければならないときは、吐く。安静。悪寒《おかん》には保温。発熱には氷枕《まくら》。覚えておきたいのは、嘔吐《おうと》や下痢が激しいとき、水分を補給して脱水症状を防ぐ。アメリカではこれをうるさく主治医から指示され、コーラを一口でも飲めと言われた。

八章

より快適な老後のため——予定とアハハで

最後の砦《とりで》の必需品

終《つい》の日に向かい、私は始動した。

老人ホームへ入るより、このマンションを最後の砦にするつもりで、必需品を揃《そろ》え、自分の身の始末に関する最低不可欠な情報を、忘れないように記録・保存しておくことに決めた。同時に、家の中で転んだり、ぶつかったりしないように、あるいは風呂《ふろ》場《ば》やトイレに手すりや体の支えになるものがあるよう、工夫・改良を進めていくつもりである。

砦の内外の事情の変化に応じて、老い支度にも修正が必要になるであろう。一人暮らし故《ゆえ》に、よけい、これで充分ということはないように思う。なにぶん生身なので。

「より快適な老後のための生涯プロジェクト」になるであろう。個人の必要度や好みに応じて、できるだけ早めに、少しでもよけいに準備しておけば、自分自身が助かるものなのだ。

ここまで書いてきたとき、一本の悲痛な電話が入った。前記のラジオ日本の外山社長が、「後一週間ももたない」というではないか。なんとか奇跡が起きてほしい。起きなきゃひどすぎる。私は心中叫んでいた。（がんばれ、外山さん！　まだ早すぎるじゃないの。やめて下さいよ）

ある年齢になると、どうしても身内はもとより、友人・知人の不幸な事態に直面しなければならなくなる。そして、自分にもいつかその日がやってくる実感が強くなっていく。

闘病中の人々のお気持を改めて察し、同情し、心より励ましてあげられたらと願ってやまない。私もいつ同じ立場になるやもしれず、日ごろの自己管理にもっと精出してと考えつつ、私の現在までの砦必需品に触れるとしよう。

【私の砦必需品】

●玄関のカギ五個――一個は財布のポケット奥にガムテープで。三個はリュックとよく使うバッグにひもでくくり、使うときに片手で引き出して使用。もう一個は、いざというときにオートロックさえ中の住人に開けてもらえれば、入手できる場所にサビ止め油をつけて器に入れ、敷地内に。万一救急車を呼んだら、ロック開放を覚えていたい。

●最悪のピンチを想定して――大人用紙おむつ一袋と、敷き布団《ぶとん》の腰が当たる部分に防水用シーツを当て、その上に綿パッドを敷く。阪神・淡路大震災の教訓から、タンスなどが倒れてこないようにしてあり、人を呼べるよう金属でできた鈴、携帯ラジオ、懐中電灯（ともに予備電池と）を用意。その他、救急箱か袋（防水加工。持病薬不可欠）、大・小タオル、ティッシュ（ぬれティッシュも）、ずきん、軍手、ビニール袋数枚（敷物用とトイレ代わりに）トイレ用紙をたくさん。

●最低一週間分の食料と飲料水（避難する場合なら）。備蓄用には二週間分以上。また保険証、現金（小銭も）、化粧品セット（中に歯ブラシ・みがき粉か塩、せっけんも）。以上の品物の一部を入れ、いつでも入れ足せる防火加工のリュックが真っ暗闇《くらやみ》でもわかる場所に置いてある。

枕許《まくらもと》の携帯ラジオの近くに携帯電話と、リビングにファックスフォンを設置し、その真横に「緊急用資料」と記したビニール袋入りファイルを置いてある。中に遺言書、実印と通帳置き場、緊急連絡先、医療・福祉関係連絡先、応急処置などを明記した資料が入っている。

●意識不明の場合、延命処置は不要。死亡後葬式不要。子供たちのいるアメリカにつながる太平洋に散骨してくれる連絡先が一目でわかるようにしている。

●中には、お世話になるであろう未知の人や、特定の人に、感謝の書状とともに散骨代とお駄賃の「死に金」として一〇〇万円プラスを同封してある。

●最近は、物忘れやボケに備え、必要不可欠な情報を書き込んだ軽めの「便利帳」を作った。預貯金口座番号、国民・生保年金証書番号、その他重要データをわかりやすいように記載し、ふだんはファイルに収納。が、このスパイラルの針金で綴《と》じられている、百円ノートの肩に、長めのビニールひもをペンとともに輪にして取りつけ、必要に応じて首からかけられるようにしてある。緊急時はなにかと動転しやすいので、火事が何番でドロボーが何番だかもこんがらがってしまう。一一〇（いい丸）、一一九（いい急）で覚え、救急車の九がつく方が火事という風に考えることにしているが、一番の連絡先の電話番号とともに、別紙に書いて電話台の横の壁にも貼《は》ってある。

つまり同じ番号を二重、三重に記載して万一に備えている。慌《あわ》てたときの自分のオッチョコチョイぶりを嫌というほど知っているからである。年とともにひどくなることも。

一人暮らしのEさん（七十五歳）のお宅へ寄ったら、各部屋に同じような電話番号が羅列された紙切れが貼ってあり、寝室には天井の一部にも同じ紙があったのには驚いた。

「寝たきりになったときのためにネ」と真顔で言っていた。

今一度、死に金は自分の身の始末法にそった金額でいいわけだが、生前信頼できる人に預貯金通帳（証券、生命保険の証書などの原物も）と実印の置き場所を知らせておくか、また私のように、緊急資料と明記したファイルを見つけやすい場所に置いておくのが望ましい。

そして万一、どうにもならなくなったとき、社会に「タカル」こと、つまり助けを求めることもお忘れなく。

とうとうお葬式

外山四郎さんが天国へ逝《い》ってしまった。アメリカで最強のガン治療薬、アンジオスタチンとエンドスタチンが開発されたというニュースの最中に、膵臓《すいぞう》ガンの犠牲者になってしまった。まだ若い六十七歳であった。

日本テレビの取締役で、ラジオ日本代表取締役社長の生涯現役のまま。手術して一時元気になられたのに、昭和一ケタの企業戦士は帰らぬ人となった。

特徴のある二重瞼《まぶた》の切れ長の目の奥に、人と会うときはどんなに気分が悪くても、必ず笑みをたたえていた。ざっくばらんで、なんでも平気で口にするオープンな性格は、私とも共通するものがあった。彼もO型だったのだろうか。

晩年はやせて老いを露《あらわ》にしていたが、かつて早稲田の級友のころからキザっぽいハンサムで、中年になってからは、昔のアメリカの映画スター、ハンフリー・ボガートに似た魅力のある男性として輝いていた。

最初の奥さんに先立たれた後、若い奥さんと一緒になったが、身内に反対があって正式に入籍していなかった。新しい奥さんはそれでもいい、と言っていた。だが、外山さんはガンで入院中、自分の死後の妻のことを案じ、パジャマの上からズボンをはき、ひそかに区役所へ入籍手続きに直行した、と私に話してくれた。その後快方に向かい、仕事に復帰。

五月八日、私の放送番組出演の打ち合わせの後社長室へ寄った。二人だけで二言三言交わす機会があったとき、外山さんは、私の新しい本に一人の中高年の生き方例として自分のことはなんでも書いて、と言った。

私のカンでは、握手をしている間に、それが最後になるような気がしてならなかった。このときばかりは、どうかカンが当たらないよう祈ったが。

外山さんのお通夜《つや》とお葬式に出席すべく、しばらく着用していない喪服のワンピースを出して、風を通した。八月二十日のお通夜のため追い込み中の原稿を放棄し、支度にかかる。黒いワンピースは後ろに長いファスナーがついたもので、足から着てファスナーを持ち上げた。明らかに前回のときより脂肪がつき、また汗ばんでいて、途中で止まったまま動かなくなった。

無理に引っぱったとたん、ギャー。ファスナーが私のぜい肉にかみついてしまったのだ。さあ、下ろすこともできなくなり、痛いのなんの。すぐ血がたれてきた。

(この本に、洋服は前ファスナーのものをと書いたばかりで、こんなまずいことが起きるなんて――)

もともと背中にニキビのようなものができていて、それをはさんでしまったようだ。痛いのも痛いが、お通夜どころか、服も脱げない状態のまま。私はホトホト困った。

こんな状態のところへ来てもらえる隣人はいなかった。もとより、同じマンションに電話番号を知っている主婦が何人かいるのだが……助けを乞《こ》う気になれず（私の悪いくせだ）、なんとか自分だけでともがき苦しむ。

（一人暮らしの笑えぬ喜劇だ――）

ついにニキビをもぎ取ったファスナーが下りてくれたときには、お通夜の時間はとうに過ぎていた。

ともかく、翌日の告別式はなんとしても出席しなければならない。着るものがない。黒いスカートはあってもブラウスはない。今年は黒流行《ばや》りなんだから、一枚普通の黒いブラウスを買っておけばよかった。

築地《つきじ》の本願寺までは、少なくとも約二時間前にこのマンションを出なくてはならない。どこかで黒いブラウスを探してからという余裕はない。前夜の傷が痛み、原稿のノルマも遅れるばかりだった。来週が締め切りなのだ。

（そうだ――）

私はファスナーをコントロールするため、前に持ってきた。これでも着られなければ、別な形でお香典を届けるより他ないと思った。

とうとうお葬式へ。私は同じ喪服を着ていた。後ろ前に。縁起が悪くても仕方がない。正面の遺影が渋い笑みをたたえていた。

（どんな思いだったのだろう。かわいそうに）

私は人前もかまわず泣けてきて、止められなかった。外山さんから聞いたこと、聞かなかったことが交叉《こうさ》して私の胸を衝《つ》いてきた。荒木編成副部長が、親切な言葉をかけて下さった。

四日後、まだ正式にお会いしてなかった外山夫人に電話で改めてお悔やみを申し上げた。亡《な》くなる前日朝、ふと覚醒《かくせい》してはっきり言ったという。

「僕、今日死ぬから」

誰もがいつかこの世を去らなければならない。だが、中高年になれば、どんなに寿命が延びていても、やはり明日をも知れない命と思ってかからなければなるまい。

「外山さん、この何カ月か私に新しい生きがいを与えて下さって、ほんとうにありがとうございました。生涯忘れません」

これからは、私の知己の間でお葬式が増えていくであろう。私自身は自筆遺言書（公証だと、後日書き替えの際面倒なので。名前、住所、日付を明記して実印を押しさえすれば、書く内容は問わない。♡マークをつけ、「後に残った人たちはできるだけ仲よくしてね」などと書き添えてもいい。母の遺言書に、その一言があったら、私が体験した汚い遺産相続争いも多少違っていたかもしれない）と、散骨手続きですませることにしている。

一人暮らしできて葬送にむだ金を使うほどもったいないことはない、と私は思う。

◎「葬送の自由をすすめる会」本部事務局（代表・安田睦彦―創立十二年目）

〒一一二―〇〇〇四

東京都文京区後楽二―二―一五　早川ビル一階

電話・〇三―五六八四―二六七一

ＦＡＸ・〇三―五六八四―五一〇三

会費は年間三〇〇〇円。八〇円切手三枚と、九〇円切手を貼り宛名・住所を明記した返信用封筒を同封して送ると、申込書、案内書などがすぐ送られてくる。全国に十三支部あり、会員数は一万一千人。自然葬実施は六六七回、一一七三人。（二〇〇二年六月現在）

ちなみに、自然葬の内容は、費用は海または山の合同葬で一〇万円。個人葬で一〇〜二六万円。空の個人葬は二〇〜四〇万円（遺族五人乗り、相模湾か房総沖）をあらかじめ納め、実施後に実費に応じて精算する。

お墓購入費用は平均四〇〇万円と言われるが、東京近郊でも九九万八〇〇〇円で牛久大仏の中に永代供養《くよう》というのもある。

相続問題や遺言書の書き方と同様に、葬送情報も信頼できる専門家と出版社の「専門書」をご参考に。高齢者を狙《ねら》う悪徳商法の一つに高額の出版物もあることにご注意。

一人暮らしの人の関心事、永代供養墓について、詳しいことは左記の団体へ。

◎「もやいの会」事務局
〒一〇二―〇〇七三
東京都千代田区九段北一―九―五　朝日九段マンション九〇四
電話・〇三―三二三〇―六九六九

生活者としての男性専科

男の人は、いつまでも少年である。

かつてアメリカに、かんだ鼻紙を乾かしてまた使うからと家中の床に放り投げ、書斎や地下室をゴミ箱にしておかないと気がすまない夫と、片づけないと気がすまない妻がいた。最高教育を受け、ノーベル賞をもらえるくらい賢い、と部下に言われた科学者の夫は、妻のふつうの清潔感や世間体をことごとく非難し、得意気に奇弁奇行を繰り返していた。他の致命的理由があって、二人で築いたアメリカン・ドリームは泡になって消えていった。

……とまあ他人《ひと》ごとのように空々しく書いた家庭事情の一端が、私自身の過去である。今想《おも》い起こせば、私には理解していて受け入れられなかった大きな事実があった。それが、男の人はいつまでも少年、ということなのだ。女はそれに気がついていても、現実的なので、しゃくにさわり、反発し、ケンカし、見切りをつけざるを得なくなる。

Dさんは、きちんと整理整頓《せいとん》をする家事上手の六十二歳。ご主人は三歳年上の定年退職者。

「うちの人ときたら、男のくせに釘《くぎ》一本打てないのよ。私が四十何年間、こうしてああしてとやってきてあげたから、ここまでこられたようなもの。私の方が長生きしないとネ」と、口ぐせのように、自らの貢献度を誇示していた。大学時代からの相思相愛の仲だとか。

たしかに、一軒家の内外はチリ一つなく、Dさんはご主人の座った椅子《いす》のカバーを、最新のほこりとり器でスースーとやるほどきれい好きぶりを見せていた。

カビの他にほこりやダニにアレルギー鼻炎の私としては、あんぐりしてしまい、わがマンションに来てもらいたいものだ、と思ったほど。でも、おとなしそうに妻の言うなりになっているご主人の内面を推し測って、同情を禁じ得なかった。

ところが、約十カ月後に電話をかけてみてびっくり。あのインテリでてきぱき屋のDさんが、急性アルツハイマーになっていたのだった。

どちらかと言えば、従順でおっとり型のご主人の方が、ボケてきてもおかしくないと考えられたのに、この病気の不思議なところである。こわいところである。

一人暮らしの私がボケてきたら、と日ごろ気にしつつ生きているだけに、お宅へ上がってただ呆然《ぼうぜん》としてしまった。

もはや、Dさんは私のことなんか覚えていなかった。それどころか、私が側《そば》の夫と話していることが気に入らず、ついに怒鳴りつけた。

「うちの人といちゃいちゃするな。出てけ――」

「ぼくも出ていきたいよ」

と、ご主人は私を玄関口まで送ってきてうなだれた。

テレビで何回か見たが、長生きでがんばりがきくと考えられている女性の方が痴呆《ちほう》症で倒れ、夫が家庭で献身的に看病している映像が、私の脳裡《のうり》に深く刻まれている。

Dさん夫妻は、はからずも同じケースになってしまったのだ。ただ、Dさんのご主人は釘一本打てない（または打たずにすんだ）人だっただけに、今にもばったり行きそうに疲労困憊《こんぱい》していた。

家の中もめちゃくちゃになっていて、子無しの夫婦に手や知恵を差し出す人は、その時点では誰もいないという状態にあった。

「ぼくは、もうどうしていいか、考える力もないんです」とこぼすご主人は、会社の上役として活躍していたころの管理能力はみじんもなく、市のヘルパー利用のことにも頭が回らなくなっていた。老後は先のことと考えていたのだ。

私のできる範囲のことはさせてもらったが、ここで、私はふだんから胸にあった、「生活者としての男の家庭科」を強く推したいのである。

かつて、母が私にも土地の一部を残したい、と遺言書を書き改めたことで、彼女の死後、きょうだい三人は配偶者たちのけしかけもあって、仲よし関係を突如破棄してきた。

相続問題をめぐる骨肉の争いは、小説やワイド・ショーでよく見聞きしてきたが、面と向かってきょうだいにたたきつけられた言葉は、他の非情な言動とともに、一生胸に刺さっている。六年後の現在も痛みは同じである。

「あんたより、女房の方が大切なんだ！　老後の世話をしてもらわなければならないからね」

（女房が自分たちのおむつを換える、ですって――）

彼らがDさんのご主人と同じ立場にならないとは、誰も保証はできないのだ。一人は同い年、一人はずっと年上の女房を持っているのだから、どっちが先に倒れるか、なおさらわかったもんじゃない。誰が最後に笑うのか、見たい気もするが、痛みは痛みとして、私は自分なりの鎮痛剤で、もう過去のこととしているが……。

最近の若い夫は、家事を分担するようになった。その方が、将来中高年になり、自立した生活者にならなければならないときに、どんなに助かることか。

すでに中年以上の男性は、すぐにも、「掃除、洗濯、料理、買い物と、衣類・重要品の置き場確認」に参加すべきである。まずごはんを炊《た》き、一人で食事をする練習を。次に、家事のさまざまなことについて何をどのようにするか馴《な》れておきたい。定年後わが家で居候《いそうろう》扱いされないように。

奥さんが、「ああ、そんなにへたじゃ、やめといて」などと嫌がるかもしれない。

とにもかくにも、全面的に日常手伝うエネルギーも時間もないという場合でも、ゴミ出しでもいいから、家事の一部を自分の「仕事」にしてしまうことだ。

そうすれば、いきなり失業や、定年で家にいる時間が長くなったとき、ぬれ落ち葉的存在で奥さんのご機嫌を、少しでも害さないですむ。家の中で居場所がないなんて。第一、自分が血と汗で稼いで築いた城で、小さくなっている道理はないのである。

しかし、女の人は、必要上強くなり、夫や同居の彼を牛耳る傾向におちいってしまう。ほんとうは甘く、優しくしていたくても。

知ったかぶりで勝手放題を言っているが、失敗者の客観的老婆《ろうば》心《しん》まで。

一方女性側も、いつ立場が逆転するかわからないのだから、ふだん側にいる男性が家庭的になることを、うまく勧めていってみては。

男女とも、いつ一人になるか誰にもわからない。キカイの基礎的扱い方も含め、生活者として戸惑わないように、ふだんから「育自」をお忘れなく。

女の人は、男の人がいつまでも少年であることを、生来の違いとして認め、この性格にひそむロマンティシズムを尊重するようにしてみたらどうであろう。男性がいなかったら、つまらない世の中である。また、彼らも私たちの存在を同じように評価してくれることを希《ねが》いたい。

辛《つら》いことは心のマル得栄養剤

「殺してやりたいッ」と思うほど、皆さんは誰かを憎らしいと思ったことがおありだろうか？

Fさん（五十九歳）は、再婚する予定だった年下の男性に、かなりのタンス預金と宝石を持ち去られた。女がいた。

「それがくやしいったらないのよ。相手は若い女じゃなくて、私より一つ年上ときてるんだから……殺してやりたいわよ」

どちらを殺してやりたいのか、私は聞かなかったが、血圧は上がる、不眠にはなるわで、彼女の辛いことは明らかに体に悪いものであった。

Fさんほどまで腹を立てずとも、ほとんどの人の長い人生において、くやしいこと、

「辛いこと」「耐え難いことなど、総じて、哀《かな》しいこと、してやられたと感じること、耐え難いことなど、総じて、「辛いこと」がときとして起きるものである。

宗教心や悟りを開いたり、感受性自体がのほほんとしている人々は別として、私のような凡人で感受性の強い者は、正直言って内心最悪の言葉を吐き出したくなることがある。

特に、きょうだい揃《そろ》って愛し合っていたはずなのに、母の書いた遺言書に長女の私の名前も入っていたことで、オヨメサンたちの扇動よろしく、あるいは自らの馬脚を露《あらわ》してお金のために豹変《ひょうへん》した三人のきょうだいたちのことしかり。

仕事上のことでも、あきれ返るほど失礼な言動を露呈して平気でいる人物もいる。私の方は仕事の有無や成功・不成功がかかっているので、がまんし言葉や表情に決して出さないようにする。昔はそれがむずかしかったが、年とともに、「気にしない、気にしない」と自らに言い聞かせて忘れるようにしている。明日をも知れない命で、こんな人間関係から生じる嫌なこと、辛いことに引き回されたくないではないか。

自分がもったいない。

人間には限界がある。皆さんの中にもおられるだろうが、あんまりあれやこれや起きると、「もう勝手にしろ」と言いたくなる。一度相手に怒鳴ってやれたらとも。

うつ、孤独、退屈、無気力、人間嫌いなど、中高年でなくても襲いかかる感情と、一人暮らしの人はとりわけ共生しにくい条件下にあると言えるだろう。気が紛れる要素が日常生活に少ないからだ。同居人がいて、そのための用事や関わり合いが多いといったことがなく、当たる相手がいないのだ。

しかし、辛いことこそ、きたるべきものへの心のマル得栄養剤だと信じる。それがあったから自分がベターになり、次回はもっと感謝の気持で上手に対処できるのではないだろうか。

おととし、早稲田大学で卒業生の集いがあった。そこで初めて出会った後輩の女性が、間もなく長距離電話をかけてきて、驚くべき質問をしかけてきた。

「自殺したいのですが、どこの国へ行ったらやってくれますか?」

私は気持の変化を希って色々語りかけ、著書も送った。一度会って名刺を出しただけで相手のことは何も知らない。インテリ中高年のはずが、今は死ぬことしか考えられないといった心境のようで、驚いてしまった。

これほどうつになっていれば、素人《しろうと》がどうのこうのと言うのはかえって本人のためにならず、精神科の医師に相談するよう率直に勧めた。今はかなりよい精神安定剤などがあり、実際に科学の力を借りて内面の治療をはかって、同時に理解に満ちた専門家とのカウンセリングに入った方がいいと思う。

【中高年のうつ予防法】

●軽度のうつなら、朝起きたらまず太陽ないしは明るい外部に目をやり、深呼吸をする。ときに、一日二十五回（別の時間でもいい）の深呼吸が酸素を入れ替え、よい気分につながる。

●クサクサしたら、外へ出る。散歩をする。緑を見る。人を、子供を、ペットを、社会の動きを見て、そのうちの誰かに話しかける。図書館へ、郵便局へ、店へ行って、また現象を見て、誰かに話しかける。話しかけるのが面倒なら、微笑《ほほえ》みかける。

●公園へ行ってブランコに乗ってもいい。

●覚えておきたいことは、あなただけが憂うつで、なぜか気力を失っているのではないということである。精神科医によると、この傾向は四十代から大なり小なり誰にでもあることだという。

●むしろ、すっかりやる気がなくなったときは、休むこと。充電すること。少しくらい長くかかってもいい。バランスよい食事を摂《と》る。そのうちあなた自身の方から、そろそろどうにかしなくちゃ、と思うようになるものである。

●予定のある日常生活をお勧めしたい。生きがいとして、家族、ペット、仕事、趣味、ボランティア、心と肌のふれあいなどが考えられるが、なにかやる、誰かに会う、どこかに行く、といった予定を日々持つことが張りになる。希望とか夢といってもいい。

これだけは、少しくらいうつでクサクサしていても、いや、それだからこそやってほしい。「今日は、あの友だちに久しぶりで手紙を書こう」「美味《おい》しいさつまいもをふかしたいけど、どの店のがいいかしら。二、三軒寄ってみようか」など、どんな小さな目的でも予定でも作って、頭と体を動かす。
すると、驚くほど気持も動いてくる。明るい方に向かって。

人々との交流が欲しくなったら、最近はどの市町村でもなんらかの中高年グループやサークル活動が行われているので、「シャル・ウイ・ダンス」からはじめるのもいいし、ガーデニング・クラブでお友だちを見つけるのもいいであろう。ただし、私の川柳会の短い体験では、溶け込める雰囲気がなく時間のむだに感じられたが。嫌だったらやめた方がいい。

趣味の追求というより、異性との友情やロマンスをお探しなら、結婚の可能性もありうる左記のようなグループが、各都市に存在するようになった。「共生の会」（電話〇三―三八六一―六七六七）、「太陽の会」（電話〇三―五三八六―六二二一）などもその一つで、各地の電話帳やマスメディアから団体名を知ることができる。

ちなみに、私自身も参加体験のある「若康会《わこう》」は、品格と理解に富んだ田代会長のもとで、多くの会員を集めている。最近は未婚の四十代の男女からの問い合わせが多いという。

◎シングル中高年の出会いサークル「若康会」

〒二二一―〇〇五七

横浜市神奈川区青木町七―六　広洋フォルム横浜三〇四

電話・〇四五―四五三―二九一〇

〇三―三七三〇―六〇五二（午前九時～午後六時）

入会資格―四十歳～九十歳、独身男女

入会金―一万三〇〇〇円（女性八〇〇〇円）、月会費―一三〇〇円（女性一〇〇〇

円）（六カ月分前納）

ただ今「ふれあい友だち」中

どんなに老い支度が整い、適切な情報を収集できても、まだ足りないものがある。心の持ち方である。

一言に言って、人生の明るい方を見ること。アハハと笑えること。そのような心の持ち方を保つには、生きがいが必要だ。そして、生きがいの潤滑油こそ、人と人とのふれあいではないだろうか。

最近私の「ふれあい関係」は充実してきている。嬉《うれ》しく、ありがたいことである。ほんとうは、身内や古い友人の背信や絶縁が重なり、アメリカにいる二人の子供たちとも疎遠がちなので、哀しくなければおかしいはずである。しかし、私はそのことでめげてはいられない。いつもの拾う神さまが折にふれ出てきてくれ、生き続けるチャンスとエネルギーを下さるからだ。

それから、「ふれあい友だち」の輪も少しずつ広がっている。

九七、九八年と、石川文化事業財団と主婦の友社主催による各地の講演会で、私は「たった一人、老後を生きる――いきいき人生の知恵」と題したお話をさせて頂いた。多数の来場者のほとんどが四十歳以上の女性だった。講演後じかに胸の裡《うち》を明かされ、ともに涙したり、「がんばって」と何度も強い握手をして下さる方々など、感動につぐ感動の体験だった。

全国に、たった一人の老後のことを案じ、大きな関心を持ちながら生きている方たちがどれほど多くいらっしゃるかを目《ま》のあたりにして、私は「ふれあい友だち」を思い立ち、熊本での講演を皮切りに、親睦《しんぼく》的な会場の皆さんにお話しした次第だった。

金の貸し借りや金品に関する勧誘以外、なんでも本音で意見や情報を交換し、慰め合うことができたら、お互いのいきいき人生の糧《かて》になるのではないかと信じている。

あるとき、長野の三十代の読者が初めて次のような概要のお手紙を下さった。

「こんなに素直に自分を表わしている著者もめずらしいと、色々なことを学ばせて頂きました。……与えた割には報われなかったんですね」

そして私のことを心配して下さって、買い物でもなんでもお役に立つことがあったら連絡を……とまで書いて下さったのだった。

私はじーんときた。娘と同じ年頃の未知の女性が、こうして遠方からお手紙を下さり、血のつながったわが子からは一度も聞いたことのない優しい言葉をかけ、私の心を和ませて下さったのだ。

人と人とのふれあいほど嬉しいものはない。その後私は通信だけでなく、色々な方とお会いし、友情を育てている。男性も女性も、たった一人で生きられないことはないが、……やっぱり友情や愛情によって支えられ温められてこそ真の生を味わえると、今は確信している。

最後に、私はアハハの効果を強調したい。ウフフでもイヒヒでもいいのだが、ガンの予防や制御にも笑いが大変よいというのは、内外の医学者たちが口を揃えて力説している。インドでは、毎朝全員で笑い合う会社があるほどである。

岡山県の伊丹仁朗医師の発表によると、ガン患者を大阪で喜劇や漫才を三時間見せて笑い漬けにしたところ、免疫《めんえき》機能がぐんと上がったという。笑っている間は、痛みを感じない。リウマチの痛みもやわらぐ。

伊丹医師は、微笑みだけでも、NK活性（ナチュラルキラー細胞の数値の働きの強さ）の値が上昇すると言う。

「健康と長寿のために、大いに笑って、自然治癒力を高めるようにして下さい。『ア

ハハ』と笑えば病気も逃げてゆくのです」（『健康』九七年十二月号・主婦の友社）

激震の21世紀を生きぬく生活術を少しでも活用しながら、明るい方を見て、一日一日を悲観的にではなく、できるだけ楽観的に生きていきたいものである。しぶとく、強く、明るく。

でも、万が一私がたった一人でボケてきたら、

「誰か助けて下さい――」

文庫版のためのあとがき

まずこの本をお読み下さった皆様に心よりお礼を申し上げます。

実は、あとがきを書いている現在、七十になる私の身心に夢想だにしなかったことが起きております。

それは、愛情と理解を降り注いでくれる男性と真剣な交際をしているということです。二〇〇二年の五月晴れとともに、小説の筋書き、いやそれ以上のインパクトで私たちの恋愛が開花したのでした。

このようなプライベートなことに触れるつもりはありませんでしたが……たった一人の人生にも、年齢や立場を越えて、突然赤い糸をたぐり寄せるように、正しくこの人こそこれからの人生の最愛で最強のパートナー、と信じられる相手と遭遇できる機会がありうることをお伝えしたかったからです。

たった一人なんか淋《さび》しくない、ひとりごはんも美味《おい》しい。一人は自由でいい、と私は今でも考えています。

しかし、一時期にせよ、自分を求めてくれ慈《いつく》しんでくれる異性との交際があることは、この世を去る前のかけ替えのない潤《うるお》いとなるに違いありません。たとえ傷つく結果になろうと、悦《よろこ》びの想い出の方が濃い味を残すでしょうから。

一人で老い支度にかかっている方、又はその必要性を考えている方々にも幸多かれと祈らずにおられません。たった一度の人生です。老い支度のメニューの中に、甘美な旋律が流れるのもよろしいではありませんか。

毎年中高年が増え、寿命は延びるばかりです。ほとんどの人々がいつか故障持ちで一人になる運命にあります。たとえ複数のメンバーと生活していても、性別・年齢別なく、誰でもたった一人になったときのため、老後の準備をしておかなければ、手遅れになってしまうでしょう。

一九九八年十二月に出版された『たった一人の老い支度〔実践編〕』を新潮社が文庫本にして下さったことは、私にとって最高の悦びと申し上げなければなりません。

編集担当者の飯島薫さんには、大変細やかに面倒を見て頂きました。校正その他の関係者の皆様と共に、深く感謝してやみません。

二〇〇二年六月吉日

岡田信子

解説

岸本葉子

年とって働けなくなったとき家賃が払えなくてはたいへんと、三十六歳のときすったもんだしてマンションを買った私だが、それだけでは、老後に起こる問題の解決には全然ならないことがわかってきた。

開《あ》け閉《た》ての際に網戸がはずれ、自分の体の倍の幅はあるそれを、腰を落として持ち上げながら、考える。

（八十になっても、自分でこれをやるのか……）

力を込めた拍子に、骨がぎっとなってしまったら。老いてからの骨折は、寝たきりにつながると聞く。

いや、それ以前に、窓のそばに顔をしかめて倒れている私を、いったい誰が発見するわけ？　家族がいれば、単なる怪我《けが》ですむはずの事故が、何日間も動けず、水も飲めずにいたら……。

だから、著者の岡田信子さんの体験した、ぎっくり腰ならぬ脚の急性症状で、意識はありながら立てず歩けず、布団《ふとん》の中でトイレをしなければならなかった話は、ほんとうに身に詰まされた。

「いばらもあれば落とし穴もありましょう。そこをたった一人でかき分け踏みしめて、あるいは松葉杖《づえ》や車椅子《いす》や寝床に横になったっきりで、最終点まで行かなければならないかもしれません」とのくだりには、鬼気迫るものすら感じた。

この本は、ひとりで年をとっていく中高年に、けっして損はさせじという動機から書かれた、老い支度とマル得生活術を教えるものである。

年をとることに関心が大の私は、冒頭から、わが意を得たりとうなずいたり、

「そんなことがあるなんて」

と驚いたり。そういうページのはしを折りながら読み進め、このままでは全ページのはしを折りかねず、本が倍の厚さにふくらんでしまうと気づいて、冷静に、冷静に、と自分に言い聞かせつつ読んだ。それほどまでに私には、他人事ではなかったのだ。

こういうテーマだと必ず、

「なら、私には関係ないわ」

という反応をする人がいる。子どもや夫の問題に忙殺されて、それどころではない、

と。シングルをめぐるエッセイの多い私も、既婚者の知り合いから、

「悪いけど、あなたの本、読んだことないのよ。タイトルに、ひとりとか独身とかつくと、それだけで、対象外としてしまうから」

と言われることがある。

でも！　と声を大にして強調したい。平均寿命からしても、女が年とってからひとりになる確率は高いのである。熟年離婚だってあり得る。

この著者がまさにそうだ。子ども三人をもうけ、別居や離婚など自分にはできないと決めてかかっていたタイプだったのに、五十一歳で身ひとつに。室内に洗濯機を置くことのできない集合住宅で、娘ほどの年の若い女性たちに混じり、掃除のおばさんに間違われながらの再スタートだったという。

「私は着々と準備しているから、だいじょうぶ」

と、そっちの意味で無関係と思っているあなた。本書には、こんな例もありますぞ。

キャリアレディで、四十代前半から財テクで貯《た》め込んで、全国を調査して選んだ有料老人ホームに、じゅうぶんな資金を注ぎ込み、入ってはみたものの、ホームが経営難で存続の危機に。どんなに早くから、合理的に備えていても、そういうことだってあり得る。『「ひとり暮らし」の人生設計』なる本を書いたことのある私ですが、い

や―、想像以上に厳しいようです。

私には、相通ずるテーマの本だとつい、著者と自分がいくつ違いか勘定してしまう癖がある。略歴の生年から自分の生年を引き算すれば、ちょうど私より三十年先輩か。こう言ってはいいとこ取りみたいで悪いが、まるで自分に代わり三十年先に行って、「こうこうだったわよ」と報告してくれているようでもある。

発想の仕方、お金、住まい、食、体、おしゃれ、まさかのための心得など、分野別に、体験談やまわりの人のエピソードを交えて綴《つづ》る。

内容は、ほんと、詳細だ。職探しをはじめたとき、新聞の求人票に電話で問い合わせること二百三回に及んだとか、月十万円で生活する節約法とか。

冒頭に書いた、立てなくなる事態に対しては、おもちゃの低いワゴンのような、尻を乗せて移動できる車輪付きのボードを、バーゲンで買っておく。

「そこまでするのか」

と愕然《がくぜん》とするが、それが年をとることの現実なのだ。

ひとり暮らしでもっとも怖いボケの防止には、薬を飲むなどの日常の行動をとる際、口に出して言う。それも目的と理由をはっきり入れる。事前にだけでなく、すんだ後も、いまいちど過去形で言い、完了を確認する、など、極めて具体的である。

戦前生まれは、とかく体面を重んずるものと思っていた私には、「この世代でも、こんなに本音で語る人がいるんだ」と、とても新鮮に感じられた。書きながら、もっと具体的に知らなければと意気込むあまり、手を止めてその場で総合福祉センターに電話してしまうなど、「思いたったら即」の行動力もある。

何よりも語り口がユーモラスで楽しい。内容はシビアなのに、ところどころ声を上げて笑ってしまった。シングルの利点もたくさん挙げている。家族のいる生活とひとり暮らしとの両方を知っている著者だから、説得力がある。ひとりの食事はじゅうぶん美味《おい》しいと絶叫したい、ひとりで食べるほどさびしいことはないと専門家が言うのは真っ赤な嘘《うそ》、仲の悪い相手と、口もきかずに食べる方がずっと体に悪い、というところには、

「よくぞ言ってくれました」

と拍手を送りたくなった。

考えてみれば、著者の老後は、結構悲惨だ。がまんを重ねたあげく夫と別れ、子どもたちとは絶縁状態。相続権を有する家に、家賃を払って住んだのに、血を分けた弟や義理の妹から追い出され、たったひとりで、せちがらい都会のただ中に……。人を

恨み、暗い気持ちで残りの人生を送ってもおかしくはない状況だ。

でも、と著者は言う。明日をも知れないこの命、辛《つら》いことなんかに振り回されたくない。

「自分がもったいない」

名言である。そう、人生、長いようで短い。嫌なことにとらわれて、せっかく生きている今日という日を台無しにしたりする暇はない。別のところにも書いていたな。完璧《かんぺき》な計画などない。思いがけないめぐり合わせやどんでん返しもある。自分を守るのは、うまくいかないことがあっても落ち込みを長く引きずらずに、はね返すことのできる、柔軟な精神力なのだ。

本書に挙げた生活術を「少しでも活用しながら、明るい方を見て、一日一日を悲観的にではなく、できるだけ楽観的に生きていきたいものである」という、結び近くのくだりにふれて、思わずまたページのはしを深々と折ってしまった。


（平成十四年七月、エッセイスト）

この作品は平成十年十二月主婦の友社より刊行された『たった一人の老い支度〔実践編〕』に一部加筆・訂正したものです。なお文庫化にあたり、タイトルを『たった一人の老い支度　実践篇』としました。

有吉佐和子著 **恍惚の人**

老いて永生きすることは幸福か？ 日本の老人福祉政策はこれでよいのか？ 誰もが迎える〈老い〉を直視し、様々な問題を投げかける。

水上 勉著 **土を喰う日々**

京都の禅寺で小僧をしていた頃に習いおぼえた精進料理の数々を、著者自ら包丁を持ち、つくってみせた異色のクッキング・ブック。

向笠千恵子著 松村映三写真 **日本人が食べたいほんもの**

安全で、安心なほんものを食べていたい！ フードジャーナリストの著者が自分の足と舌で確かめた厳選食材27品、お取り寄せＯＫ！

青木 玉 著 **幸田文の箪笥の引き出し**

着物を愛し、さっそうと粋に着こなした幸田文。その洗練された「装い」の美学を、残された愛用の着物を紹介しながら、娘が伝える。

岸 惠子著 **巴里の空はあかね雲**

仏映画監督イヴ・シアンピとの突然の離婚から、彼の死までの10年間、女優、母、女の間で揺れる思いを綴った自伝的エッセイ。

青木 玉 著 **こぼれ種**

庭の植木から山奥の巨木まで、四季折々の植物との豊かな出会い。祖父・露伴と母・文の記憶も交えて綴った、清々しいエッセイ集。

向田邦子著
阿修羅のごとく

未亡人の長女、夫の浮気に悩む次女、オールドミスの三女、ボクサーと同棲中の四女。四人姉妹が織りなす、哀しくも愛すべき物語。

向田邦子著
寺内貫太郎一家

著者・向田邦子の父親をモデルに、口下手で怒りっぽいくせに涙もろい愛すべき日本の〈お父さん〉とその家族を描く処女長編小説。

宮尾登美子著
お針道具
―記憶の断片―

職業作家になって以来、夢を見ずに眠ったことは一度もない……。創作の苦しみと喜び、人生の節目節目で、心に刻まれた記憶の数々。

宮尾登美子著
成城のとんかつやさん
―記憶の断片―

さまざまな出会いと別れ、故郷への想い。何げない暮しの一齣から濃やかにつづられる人生の豊かさ。宮尾登美子氏の「生活と意見」。

幸田文著
きもの

大正期の東京・下町。あくまできものの着心地にこだわる微妙な女ごころを、自らの軌跡と重ね合わせて描いた著者最後の長編小説。

沢村貞子著
わたしの献立日記

毎日の献立と、ひと手間かける工夫やコツを紹介する台所仕事の嬉しい〝虎の巻〟。ふだんの暮らしを「食」から見直すエッセイ集。

新潮文庫最新刊

瀬戸内寂聴著　釈迦

八十歳を迎えたブッダ最後の旅。遺された日日に釈迦は何を思い、どんな言葉を遺したか。二十年をかけて完成された入魂の仏教小説。

井上ひさし著　太鼓たたいて笛ふいて

「太鼓と笛で軍国主義を囃した」戦前。「普通の日本人の悲しみ」を書き続けた戦後——。林芙美子の劇的な後半生をたどる評伝戯曲。

椎名　誠著　新宿熱風どかどか団

「本の雑誌」は4年目を迎えた。発行部数2万部、社員1人。椎名誠は35歳、ついに脱サラ。夢に燃える熱血どかどか人生が始まった。

荻原　浩著　コールドゲーム

あいつが帰ってきた。復讐のために——。4年前の中2時代、イジメの標的だったトロ吉。クラスメートが一人また一人と襲われていく。

佐藤多佳子著　黄色い目の魚

奇跡のように、運命のように、俺たちは出会った。もどかしくて切ない十六歳という季節を生きてゆく悟とみのり。海辺の高校の物語。

司馬遼太郎著　司馬遼太郎が考えたこと　12
—エッセイ 1983.6～1985.1—

'83年10月、ロッキード裁判で田中元首相に実刑判決。『箱根の坂』刊行のころの日韓関係論や国の将来を憂える環境論など63篇。

新潮文庫最新刊

橋本治著
「三島由紀夫」とはなにものだったのか
三島の内部に謎はない。謎は外部との接点にある――。諸作品の精緻な読み込みから明らかになる、〝天才作家〟への新たな視点。

さくらももこ著
またたび
世界中のいろんなところに行って、いろんな目にあってきたよ！　伝説の面白雑誌『富士山』（全5号）からよりすぐった抱腹珍道中！

田口ランディ著
馬鹿な男ほど愛おしい
最初の恋を、大切に！　それは一生の宝物。男&友情&自分の未来…悩み迷いつつ突き進んだ日々。せつなくて愛おしい恋愛エッセイ。

三浦しをん著
しをんのしおり
気分は乙女？　妄想は炸裂！　色恋だけじゃ、ものたりない！　なぜだかおかしな日常がドラマチックに展開する、ミラクルエッセイ。

佐藤雅彦著
四国はどこまで入れ換え可能か
表現の天才・佐藤雅彦による傑作ショート・コミック集。斬新な視覚の冒険に、アタマとココロがくすぐられる、マジカルな1冊。

宮嶋茂樹著
不肖・宮嶋ちょっと戦争ボケ
上1989〜1996
下1996〜1999
戦場初体験は28歳、戦火のルーマニア。以降、銃声と硝煙を追い求め、血と涙と汗にまみれてシブい写真をものにした、10年間の集大成。

新潮文庫最新刊

筑波昭著
津山三十人殺し
—日本犯罪史上空前の惨劇—
男は三十人を嬲り殺した、しかも一夜のうちに——。昭和十三年、岡山県内で起きた惨劇を詳細に追った不朽の事件ノンフィクション。

千田稔著
明治・大正・昭和 華族事件録
殺人、情死、不倫、詐欺——。皇室の藩屏、国民の模範として特権を与えられた日本の貴族たちが起こしたスキャンダルを完全収録。

門田隆将著
裁判官が日本を滅ぼす
各個の事情を顧みぬ判例主義、無罪病、欠落した市民感覚、傲岸不遜な態度……。綿密な取材で、果断に司法の傲慢を斬る渾身の告発。

本山賢司著
[図解] さかな料理指南
男の料理は、簡単手軽が大事。魚の目利きから、おろし方、焼き方、味付まで、妙技の数々をイラストで明快伝授。秘伝レシピ満載。

企画・デザイン 大貫卓也
マイブック
—2006年の記録—
1ページ毎に日付と曜日が入っているだけの本。著者は「あなた」です。2006年の考え事や好きな事を、毎日書き込んでください。

塩野七生著
危機と克服（上・中・下）
ローマ人の物語 21・22・23
一年に三人もの皇帝が次々と倒れ、帝国内の異民族が反乱を起こす——帝政では初の危機、だがそれがローマの底力をも明らかにする。

たった一人《ひとり》の老《お》い支度《じたく》 実践篇《じっせんへん》

新潮文庫 お－57－1

平成十四年九月一日 発行
平成十七年十月二十五日 十六刷

著者 岡《おか》田《だ》信《のぶ》子《こ》

発行者 佐藤隆信

発行所 株式会社 新潮社

郵便番号 一六二—八七一一
東京都新宿区矢来町七一
電話 編集部(〇三)三二六六—五四四〇
読者係(〇三)三二六六—五一一一
http://www.shinchosha.co.jp

価格はカバーに表示してあります。

乱丁・落丁本は、ご面倒ですが小社読者係宛ご送付ください。送料小社負担にてお取替えいたします。

印刷・図書印刷株式会社 製本・株式会社大進堂
© Nobuko Okada 1998 Printed in Japan

ISBN4-10-133831-0 C0177